First Edition
Russian Step By Step Low Intermediate
All rights reserved

Copyright © 2010 by Russian Step By Step

No part of this book may be reproduced or transmitted in any form or by any means, electronic or mechanical, including photocopying, recording, or by any information storage and retrieval system, without written permission from the publisher.

ISBN-13: 978-0-9823042-6-6

ISBN-10: 0-9823042-6-9

Printed in the United States of America

Russian Step By Step

Low Intermediate

Natasha Alexandrova

Cover: Elena Litnevskaya

Illustrations: Elena Litnevskaya, Irka Verbol

Technical Director: Vsevolod Tsurikov

Level 2

RussianStepByStep.com

Русский шаг за шагом

Базовый средний уровень

Наташа Александрова

Обложка: Елена Литневская

Иллюстрации: Елена Литневская, Ирка Вербол

Технический директор: Всеволод Цуриков

Уровень 2

RussianStepByStep.com

Contents

FREE Audio Component
Direct Download

By purchasing this book (ISBN-13: 978-0-9823042-6-6 ; ISBN-10: 0-9823042-6-9), you receive the **FREE audio component** right away! Listening is a crucial step to memorize new vocabulary, understand native speakers and establish the correct pronunciation.

- **To ACCESS your FREE Direct Download**, please **REGISTER** on russianstepbystep.com

- After registration you will **receive an email.** Press the verification link **to verify** your email address.

- Keep in mind that you purchased the book from the regular RSBS series (not the School Edition). Therefore, go to the RSBS Level 2 Low Intermediate, choose **Audio** button and download the audio tracks to your computer as a zip file with one click.

- Please visit the **Help** page on our website if you have problems or send us email, using the following address: *info@russianstepbystep.com*

Preface

Russian Step By Step Low Intermediate is the third book in Russian Step By step series. The first two are:

1. ***Reading Russian***, which introduces to the Cyrillic alphabet and teaches how to read in Russian.

2. ***Russian Step By Step, Beginner Level 1***, which teaches Case System of Nouns, Verb Conjugations, Verbs of Motion, Present, Past, Future Tenses and some other basic grammar.

3. ***Russian Step By Step, Low Intermediate Level 2*** is the next step in mastering Russian language. It will teach you about Declension of Russian Adjectives and Pronouns, Simple Future Tense, Verbs of Motion with prefixes, and Verbal Aspect.

Learning Strategy

Learning a foreign language is an exciting journey, as well as it is a time-consuming process. You have already spent time learning Russian, so it would be a pity if you stopped now. There are some useful tips that can make your experience easier, faster and more enjoyable.

- **Set up a motivation**

    ❖ You have spent so much time and energy studying Russian. A little more effort and you are on another level.

    ❖ If you don't move ahead, you are automatically pulled back.

    ❖ By learning Russian you started something really good and challenging.

    ❖ Reach the level where you can say: I can talk with a native speaker about anything.

- **Plan your studying**

    ❖ Whether you are taking classes or studying on your own, you need to allot time in your schedule for self-studying. The teacher cannot learn Russian for you, but he/she can help you to coordinate your class activities according to your achievements. Find time to work on unmastered grammar points.

- **Learn from your mistakes**

  ❖ Don't be afraid to make mistakes. They are inevitable in the learning process. When you correct your written work, go over it carefully and review it the next day.

- **Be consistent**

  ❖ It is better to study for 1 hour each day than for a whole day once in a while.

- **Change activities**

  ❖ Try to do different activities while studying: read, write, listen to the audio, browse the internet - make it fun!

- **Go slowly**

  ❖ Do not overwhelm yourself with the amount of new material. There is a limit of new information that each particular person is able to digest. The main reason people give up learning a foreign language is that they set unreasonable goals. Actually, on average, it takes longer to learn Russian than to learn languages such as Spanish, French or Italian. But the good thing is: it takes less time to learn Russian than Japanese, Chinese or Arabic, and yet, a lot of people do take the time to learn these languages.

- **No skipping**

  ❖ Do not skip any part of the book, even though you might feel that you are not going to use some of the expressions. The language is built up gradually and skipping any part of it will make further studying more difficult. Study one segment at a time until it is mastered. Repeat corrected exercises for practice. As you study lessons over and over you will find that they become easier and easier for you, because you will get used to the new grammar and new structural patterns.

- **Start thinking in Russian**

  ❖ Don't translate each word into English. Most of the time it does not work. One Russian word can have several meanings in English and vice versa.

- **Apply the language**
  - ❖ Describe yourself and things around you, using the language you just learned. Take each opportunity to use the language you already know.

- **Search the internet**
  - ❖ There are some great websites that can help you master your Russian, especially if you do not feel comfortable with certain grammar points or some expressions.

- **Ask questions**
  - ❖ You have a great opportunity to ask us any questions, as we've been constantly trying to improve our books.

Structure of the Book

The book has six sections:

I. **Main Course** consists of 13 lessons. Each lesson has a text/texts, a dialogue and exercises.

II. **Grammar** section corresponds to 13 lessons in the Main Course. In the beginning of each lesson in this section you will find the translation of new language that is given in the corresponding unit and in the Audio section.

III. **Grammar Tables**: Pronouns, Verbs

IV. **Answer Key** for exercises

V. **Audio Script**

VI. **Dictionary**. In the dictionary the adjectives are given in their masculine form. Words are given with the definitions that are used in this book.

How to Work With the Book

❖ **Read the dialogue** or **text** at the beginning of the lesson and try to understand the meaning.

❖ **Read the Grammar section** thoroughly. Here you will find the explanation of the new language and grammar rules that will help you use this language properly. All new phrases that you meet in the Main Course, including phrases from exercises are translated in the Grammar section.

❖ **Read the dialogue** or **text** again, and this time you should understand everything. If you do not, go back to the Grammar section and find answers.

❖ **Do all the exercises** of the lesson **without skipping any part of them**. Sometimes you may get the feeling that you do not have to write the same expression several times, because you have understood it. Nevertheless, it is strongly recommended to do a lot of writing. Remember: repetition creates mastery.

❖ **Listen to the audio**. The audio script is at the end of the book and the translation is in the Grammar section, at the beginning of the corresponding lesson together with all of the new expressions from the Main Course. Keep listening to the Audio until you have all the dialogues and expressions memorized. Then you can start listening to another one. Don't underestimate the importance of listening to the audio. It is crucial!

❖ **Visit our website**. The website RussianStepByStep.com is designed to help a student master his/her Russian. It has grammar tables that are very easy to navigate.

❖ **Test yourself**. After every3 lessons, there is a short test. It will help you realize which lessons you should revise and decide which part of the grammar you need to practice more.

Основной курс

Первый урок

В общежитии   T 1

Добрый день. Меня зовут Максим. Я живу в Санкт-Петербурге. Я студент. Я учусь в Санкт-Петербургском Государственном университете на экономическом факультете. Я живу в студенческом общежитии.

У нас в общежитии на каждом этаже четырнадцать

комнат, две ку́хни, два туале́та и больша́я рабо́чая ко́мната, где всегда́ ти́хо и мо́жно занима́ться. Мы живём на тре́тьем этаже́.

Со мной в ко́мнате та́кже живу́т два па́рня: Серге́й и Андре́й. Мы хоро́шие друзья́.

Мы гото́вим по о́череди, потому́ что обе́дать в кафе́ до́рого. Сего́дня моя́ о́чередь гото́вить. Но снача́ла на́до купи́ть проду́кты. Сейча́с мы с Серге́ем идём в магази́н.

Диало́г | T 4 |

Макси́м: Серёга, дава́й реши́м, что на́до купи́ть. Карто́шка у нас есть?

Серге́й: Нет, карто́шки нет.

Макси́м: Так, зна́чит на́до купи́ть карто́шку. Карто́шку вку́сно жа́рить на подсо́лнечном ма́сле. Подсо́лнечное ма́сло есть?

Серге́й: Подсо́лнечное ма́сло есть.

Макси́м: Чай есть?

Серге́й: Ча́я нет.

Макси́м: Так, пишу́: купи́ть чай. Са́хар есть?

Серге́й: Са́хара нет.

Макси́м: Так, купи́ть са́хар. А соль у нас есть?

Серге́й: Да, соль есть. Макс, у нас нет колбасы́.

Макси́м: Колбаса́ дорога́я. У нас есть консе́рвы. Кста́ти, каки́е консе́рвы у нас есть?

Серге́й: У нас есть одна́ ба́нка ки́льки в тома́те.

Максим:	Килька в томате это очень хорошо. Но надо купить ещё две, потому что одна банка это мало.
Сергей:	Макс, надо купить что-нибудь к чаю.
Максим:	Да, к чаю можно купить печенье.
Сергей:	Надо купить два батона и варенье.
Максим:	Отлично! Всё, пора идти в магазин, потому что у меня уже слюнки текут.
Сергей:	Да, пора. Я тоже голодный.

Я сижу на большом диване

большой диван	на большом диване
синий стул	на синем стуле
маленькое озеро	в маленьком озере

 Упражнение 1

Put the words in bold into correct form, following the example.

Образец: 1. Деньги лежат в **синем** конверте на **кухонном** столе.

1. Это **синий** конверт. Это **кухонный** стол. Деньги лежат в ... конверте на ... столе. 2. **То маленькое** озеро. В ... озере много рыбы. 3. Это **большой красивый** город. Он живёт в ... городе. 4. **Это молодой** человек. Я не хочу говорить об ... человеке. 5. Это **маленький** банк. Елена работает в ...

ба́нке. 6. Это **шика́рный** лимузи́н. Они е́дут в ... лимузи́не.
7. Это **второ́й** класс. Его́ сын у́чится во ... кла́ссе.
8. Это **оли́вковое** ма́сло. Моя́ мама лю́бит гото́вить на ... ма́сле.
9. Это **пе́рвый** подъе́зд. Наш нача́льник живёт в ... подъе́зде.
10. Это **тре́тий** ряд. У нас места́ в ... ряду́.
11. Это **оди́ннадцатый** эта́ж. Мои́ друзья́ живу́т на ... этаже́.
12. **Это уютное ма́ленькое** кафе́. Он всегда́ обе́дает в... кафе́.

Сегодня я иду в бассейн одна

Обы́чно я хожу́ в бассе́йн со Све́той.

Сего́дня я иду́ в бассе́йн одна́.

 Упражнение 2 | T 6 |

Usually people do something together with somebody. Today they are doing those things alone. Rephrase the following sentences, as in the example.

Образец: 1. **Сегодня Ольга идёт в театр одна.**

1. Обы́чно О́льга хо́дит в теа́тр с И́горем. 2. Обы́чно Никола́й Ива́нович обе́дает в кафе́ с колле́гами. 3. Обычно я (де́вочка) хожу́ в кино́ с подру́гой. 4. Обычно Ири́на хо́дит на дискоте́ку с Са́шей. 5. Обычно мама е́здит на рабо́ту с па́пой. 6. Обычно вы е́здите в банк с Оле́гом Петро́вичем. 7. Обычно Ви́ктор рабо́тает с Бори́сом. 8. Обычно Ни́на Петро́вна хо́дит на ры́нок с сосе́дкой.

20

Света разговаривает на украинском

Это Светла́на. Она у́чится в шко́ле. Она у́чится в после́днем двена́дцатом кла́ссе. Све́та хо́чет поступи́ть в университе́т на филологи́ческий факульте́т. Она о́чень лю́бит языки́. Све́та хорошо́ говори́т по-англи́йски. Сейча́с она изуча́ет испа́нский. Она хо́дит на ку́рсы при университе́те.

Ещё Све́та говори́т по-украи́нски. Её ба́бушка живёт в дере́вне на Украи́не, и Све́та всегда́ разгова́ривает с ней на украи́нском языке́.

Све́та говори́т по-украи́нски. = Све́та разгова́ривает на украи́нском.

 **Упражнение 3**

Create two sentences, as in the example.

> Образец: 1. **Ирина говорит по-русски.**
> **Ирина говорит на русском.**

1. Ири́на – ру́сская.. 2. Мари́ Поль – францу́женка.
3. Мо́ника – не́мка. 4. Изабе́лла – италья́нка. 5. Ами́р –
ара́б. 6. Хосе́ – мексика́нец. 7. Сунь Чен – китая́нка.
8. Маки́ко – япо́нка. 9. Джеймс – англича́нин. 10. Майк –
амери́канец.

При университете

Све́та:	Я изуча́ю бухгалте́рию.
Подру́га:	Ты в шко́ле изуча́ешь бухгалте́рию?
Света:	Нет, я хожу́ на ку́рсы в университе́т. При Политехни́ческом университе́те есть бухга́лтерские ку́рсы.

 Упражнение 4 | **Т 9** |

Rephrase the following sentences, using the preposition **при**, as in the example.

а) Образец: 1. **При церкви есть магазин.**

1. На террито́рии це́ркви есть магази́н. 2. На террито́рии
оте́ля есть рестора́н. 3. На террито́рии заво́да есть общежи́тие.
4. На террито́рии общежи́тия есть столо́вая. 5. На террито́рии

це́ркви есть шко́ла.   6. На террито́рии рестора́на есть билья́рдная ко́мната.   7. На террито́рии магази́на есть парко́вка.   8. На террито́рии вокза́ла есть по́чта.   9. На террито́рии ресторана есть бассе́йн.

T 10

б) Образе́ц: 1. **При нём была́ соба́ка.**

1. Ря́дом с ним была́ соба́ка.   2. У меня́ в карма́не была́ фотогра́фия сы́на.   3. У них бы́ли де́ньги.   4. Ученики́ сидя́т ти́хо, когда́ учи́тель в кла́ссе.   5. Когда́ нача́льник ря́дом, секрета́рша не болта́ет по телефо́ну.   6. Я не хочу́ говори́ть об Йгоре Ива́новиче, когда́ Мари́на ря́дом.

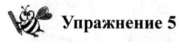 **Упражнение 5**

Translate into Russian.

1. Maxim lives in the student dormitory on the third floor. 2. Our room is on the second floor. 3. What is your (informal) major? 4. Maxim says that we should buy some tea, because we don't have any tea. 5. It is tasty to fry potatoes in sunflower oil. 6. We have seats in the third row. 7. The dormitory has a cafeteria. 8. The store has a parking lot. 9. I don't want to talk about Igor Ivanovich in front of Marina. 10. Usually I go to the movies with a friend (female), but today I am going to the movies alone. 11. Which language does Sveta speak with her grandma? 12. She speaks Ukrainian with her.

Второй урок

Парень в клетчатой рубашке Т 11

Светла́на живёт в большо́м многоэта́жном до́ме на Садо́вой у́лице. Её подру́га, Ю́ля, живёт в сосе́днем подъе́зде. У них в до́ме шесть подъе́здов. Све́та живёт во второ́м подъе́зде, а Ю́ля в пе́рвом. Их шко́ла нахо́дится на сосе́дней Инжене́рной у́лице, поэ́тому Све́та и Ю́ля хо́дят в шко́лу пешко́м. Иногда́ Све́та звони́т Ю́ле, иногда́ Ю́ля звони́т Све́те. Пото́м они́ встреча́ются о́коло подъе́зда и иду́т вме́сте в шко́лу.

    Све́та с Ю́лей у́чатся в специализи́рованной англи́йской шко́ле но́мер 235. Их уро́ки начина́ются в 8.30. Де́ти у́чатся пять дней в неде́лю. Ка́ждый день у них ра́зное расписа́ние. В понеде́льник, сре́ду и пя́тницу у них пять уро́ков, а во вто́рник и в четве́рг шесть. На шесто́м уро́ке у них физкульту́ра.

Диалог

Све́та:	Ю́лька, приве́т.
Ю́ля:	Приве́т, Све́та. Ско́лько ты вчера́ сочине́ние писа́ла? Я потра́тила 3 часа́. У́жас!
Све́та:	И не говори́. Жи́зни нет! Я то́же вчера́ 2 часа́ писа́ла сочине́ние, 2 часа́ де́лала матема́тику, час биоло́гию, час фи́зику и два часа́ зубри́ла англи́йский!
Ю́ля:	Ой, смотри́, кто э́то? Э́то Макс?
Све́та:	Где?
Ю́ля:	Вон там, ви́дишь, па́рень в кле́тчатой руба́шке?
Све́та:	Да, э́то Макс, то́чно Макс. То́лько у него́ во́лосы си́ние. Класс! Он на про́шлой неде́ле себе́ бровь проколо́л. Его́ друг Са́шка Ивано́в то́же проколо́л себе́ бровь.
Ю́ля:	Да, я ви́дела, у Ма́кса на пра́вой брови́ серьга́, а у Са́шки на ле́вой. А мне оте́ц сказа́л: проко́лешь себе́ что-нибу́дь – домо́й не приходи́. Ну где справедли́вость?
Све́та:	И не говори́.

25

Я живу на соседней улице

пра́вая бровь	на пра́вой брови́
сосе́дняя у́лица	на сосе́дней у́лице

 Упражнение 6　　T 16

Complete the sentences by putting the words in bold into correct form, as in the example.

Образец:　1. Серёжа учится в новой школе.

1. Это **новая школа**. Серёжа учится в …

2. Это **Садо́вая у́лица**. Я живу́ на … .

3. Это **ма́ленькая страна́**. Он сейча́с живёт в … .

4. Это **о́чень изве́стная актри́са**. Я говорю́ об …

5. Это **хруста́льная ва́за**. Цветы́ стоя́т в … .

6. Это **гости́ная**. Телеви́зор стои́т в … .

7. Это **ле́вая рука́**. У Бори́са часы́ на … .

8. Это **си́няя неме́цкая маши́на**. Он е́здит на … .

9. То **италья́нская о́пера**. Мы говори́м об … .

10. Это **авто́бусная остано́вка**. Лю́ди стоя́т на …

11. Это **де́тская площа́дка**. Де́ти игра́ют на … .

12. То была́ **о́чень хоро́шая вы́ставка**. Мы бы́ли на … .

13. Это его **мла́дшая сестра́**. Ты говори́шь о его́ … .

14. Это **больша́я деревя́нная дверь**. Плака́т виси́т на…

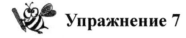 **Упражнение 7**

Answer the questions, using words in parentheses, as in the example.

Образец: 1. **Школа находится на Весёлой улице.**

1. Где нахо́дится шко́ла? (у́лица Весёлая) 2. Где нахо́дится це́рковь? (бульва́р Ми́ра) 3. Где нахо́дится музе́й? (Центра́льный парк) 4. Где нахо́дится теа́тр? (Театра́льная пло́щадь) 5. Где нахо́дится торго́вый центр «Ли́ния»? (проспе́кт генера́ла Нау́мова) 6. Где нахо́дится библиоте́ка? (у́лица Зелёная) 7. Где нахо́дится бу́лочная? (у́лица Цвето́чная) 8. Где нахо́дится парк? (пло́щадь Побе́ды) 9. Где нахо́дится вокза́л? (Привокза́льная пло́щадь) 10. Где нахо́дится по́чта? (у́лица Ле́нина) 11. Где нахо́дится кафе́ «Весна́»? (у́лица Толсто́го) 12. Где нахо́дится банк? (у́лица Садо́вая)

Это кафе, в котором я обедаю

Это кафе́. Я здесь всегда́ обе́даю. = Это кафе́, в кото́ром я всегда́ обе́даю.

Упражнение 8 T 17

Rephrase the following sentences, as in the example.

Образец: 1. **Это дом, в котором живут мои дедушка с бабушкой.**

1.

Это дом. В нём живут мои дедушка с бабушкой.

2.

Это моя подруга Моника. Я вам о ней говорила.

3.

Это самолёт. На нём летает Борис Иванович.

4.

Это такси. На нём приехала Ирина.

5.

Это стол. На нём лежит книга.

6.

Это ваза. В ней стоят цветы.

Себе

T 18

Продавец: Вы покупаете этот компьютер себе?

Покупатель: Нет, у меня уже есть компьютер.
Этот компьютер я покупаю брату.

 Упражнение 9

Answer the questions, using the Personal pronoun **себя**, as in the example.

Образец: 1. **Игорь покупает новый костюм себе.**

1. Кому Игорь покупает новый костюм? 2. На кого Аня смотрит в зеркало? 3. Кому твои родители покупают машину? 4. О ком говорит Елена Владимировна? 5. У кого на фирме работает Виктор? 6. О ком Лена всё время думает? 7. Между кем хотят обсудить один вопрос Нина с Мариной? 8. Кого любит Илона?

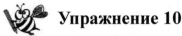 **Упражнение 10**

Ask questions about the words in bold.

Образец: 1. **О каком расписании говорили студенты?**

1. Студе́нты говори́ли о **но́вом** расписа́нии 2. Мой друзья́ живу́т на **шестна́дцатом** этаже́. 3. Никола́й Петро́вич живёт в кварти́ре **но́мер пять**. 4. Наш ме́неджер до́лго говори́л о **но́вом** прое́кте. 5. Брат Еле́ны рабо́тает в **ру́сско-америка́нской** фи́рме. 6. Сестра́ Михаи́ла Андре́евича сейча́с живёт в **трёхко́мнатной** кварти́ре. 7. Ольга сего́дня пришла́ на рабо́ту в **но́вом** пла́тье. 8. В упражне́нии **но́мер пятна́дцать** есть оши́бка.

 Упражнение 11

Translate into Russian.

1. My friend (male) lives in a multistory building on the 7ᵗʰ floor. 2. Every day we have a different schedule. 3. The church is located on Sadovaya street. 4. The kids are playing on the playground. 5. Ivan and Vladimir want to resolve this issue between themselves. 6. Marina is looking at herself in the mirror. 7. The project about which Victor is thinking a lot is very important. 8. There is a poster hanging on the big wooden door. 9. Where is the post office located? 10. Max has a piercing on his right eyebrow. 11. My parents bought (for themselves) a new refrigerator.

Третий урок

Полиглоты

Кто такие полиглоты? Полиглоты – это люди, которые знают много языков. Много – это сколько? Ну, по крайней мере, пять. Полиглот говорит, что он знает язык, если он говорит на нём свободно.

В мире много полиглотов? Да, достаточно много. Легенда гласит, что Будда знал 105 языков, а пророк Магомет знал все языки мира. Книга рекордов Гиннеса утверждает, что итальянский кардинал Джузеппе Меццофанти, который жил в прошлом веке в Ватикане, знал шестьдеся́т языко́в.

А в на́ше вре́мя есть полигло́ты? Да, коне́чно есть. Вот наприме́р, в Москве́ живёт врач-вирусо́лог Ви́лли Ме́льников. Ви́лли – номина́нт Кни́ги реко́рдов Ги́ннеса. Он зна́ет 103 языка́. Э́то удиви́тельно, но Ви́лли ещё пи́шет стихи́ и снима́ется в кино́. Учёные не мо́гут объясни́ть феноме́н Ви́лли.

Что же ну́жно де́лать, что́бы бы́стро вы́учить язы́к? В Будапе́ште жила́ венге́рская писа́тельница и перево́дчица Като́ Ломб, кото́рая свобо́дно говори́ла на ру́сском, англи́йском, неме́цком, испа́нском, италья́нском, францу́зском, по́льском, кита́йском и япо́нском. Интере́сно, что она́ вы́учила э́ти языки́ уже́ в зре́лом во́зрасте. Като́ говори́ла, что, е́сли вы хоти́те вы́учить язы́к в коро́ткий срок, ну́жно: занима́ться ка́ждый день, всегда́ учи́ть фра́зы в конте́ксте, учи́ть то́лько пра́вильные фра́зы и не сдава́ться, е́сли что-то не получа́ется.

Стричь

сейча́с		вчера́	
я	стригу́	он	стриг
ты	стрижёшь	она	стри́гла
он/она/оно	стрижёт	оно	стри́гло
мы	стрижём	мы/вы/они	стри́гли
вы	стрижёте		
они	стригу́т		

– Ни́на, что ты сейча́с де́лаешь?

– Я сейчас стригу́ соба́ку.

– А как ча́сто ты её стрижёшь?

– Ра́ньше мы стри́гли её в парикма́херской ка́ждый ме́сяц, а сейча́с я её стригу́ сама́ раз в два ме́сяца.

Сам/сама/само/сами

он	она	оно	они
сам	сама́	само́	са́ми

 Упражнение 12 ⬚ Т 24

Create sentences describing people who are giving a haircut to other people following the example.

Образец: **1. Я стригу вас сам.**

1. я (мужчи́на) ⟶ 2. вы ⟶ 3. она́ ⟶ 4. он ⟶

5. мы ⟶ 6. они́ ⟶ 7. Еле́на Бори́совна ⟶

8. Влади́мир ⟶ 9. Михаи́л Никола́евич ⟶

10. Людми́ла ⟶ 11. ты (де́вушка) ⟶ 12. брат ⟶

13. я (же́нщина) ⟶ 14. сын ⟶ 15. ба́бушка ⟶

16. де́душка ⟶ 17. внук ⟶ 18. ма́ма ⟶ 19. сестра́.

Я уже написала сочинение

Юля:	Свёточка, привет!
Света:	Привёт, Юлька.
Юля:	Что ты сейчас делаешь?
Света:	Я сейчас делаю математику. А ты ужё все уроки сделала?
Юля:	Да, я сочинёние ещё в пятницу вёчером написала, а всё остальнóе в суббóту утром.
Света:	Я сочинёние тóже написала, слáва Бóгу! Я его в пятницу начала писáть, а закóнчила в суббóту.
Юля:	Это хорошó, что ты сочинёние написала. Я его писáла 4 часá с перерывами. Ну, лáдно, занимáйся. Покá!
Света:	Покá!

Делать/сделать

дёлать	сдёлать
стричь	постричь
писáть	написáть
читáть	прочитáть

34

T 27

Что ты сейча́с де́лаешь?

Я стригу́ пу́деля.

Что ты сде́лала?

Я постри́гла пу́деля.

Что ты вчера́ де́лала?

Я вчера́ стри́гла пу́деля.

Что ты вчера́ сде́лала?

Я вчера́ постри́гла пу́деля.

 ## Упражнение 13

Different people were doing different things yesterday. Rephrase the sentences, describing the action that was completed successfully. Use the perfective form of the verb.

Образец: 1. **Ребёнок вы́пил молоко́.**

1. Ребёнок пил молоко́ (пить/вы́пить). 2. Я вчера́ смотре́л

о́чень интере́сный документа́льный фильм по телеви́зору (смотре́ть/посмотре́ть). 3. Мари́на не де́лала уро́ки в пя́тницу ве́чером (де́лать/сде́лать). 4. Студе́нт учи́л но́вые слова́ (учи́ть/вы́учить). 5. Михаи́л Серге́евич говори́л с ме́неджером о вас (говори́ть/поговори́ть). 6. Ири́на чита́ла рома́н Пу́шкина "Евге́ний Оне́гин" (чита́ть/прочита́ть). 7. У́тром на́ша ма́ма гото́вила обе́д (гото́вить/пригото́вить). 8. Молодо́й челове́к смотре́л на де́вушку (смотре́ть/посмотре́ть). 9. В суббо́ту у́тром Бори́с стриг бра́та (стричь/постри́чь).

 Упражне́ние 14 | T 28

Different people are doing different things now. Rephrase the sentences, describing what they have **already** done.

Образе́ц: 1. **Ми́ша уже́ съел я́блоко.**

1. Сейча́с Ми́ша ест я́блоко. (есть/съесть). 2. Ты (мужчи́на) сейча́с чита́ешь иностра́нный журна́л (чита́ть/ прочита́ть). 3. А́нна Никола́евна сейча́с счита́ет де́ньги (счита́ть/посчита́ть). 4. Парикма́хер сейча́с стрижёт клие́нта (стричь/постри́чь). 5. Бори́с сейча́с пи́шет электро́нное письмо́ дру́гу (писа́ть/написа́ть). 6. Мы сейча́с смо́трим бале́т «Лебеди́ное о́зеро» (смотре́ть/посмотре́ть). 7. Ученики́ сейча́с де́лают упражне́ние но́мер четы́рнадцать (де́лать/сде́лать). 8. На́ши де́ти сейча́с у́чат стихи́ (учи́ть/ вы́учить). 9. Ле́ночка сейча́с ест моро́женое (есть/съесть).

Упражнение 15

Different people haven't done certain things yet. They are doing them now. Complete the sentences by putting the verbs in parentheses into correct form, following the example.

Образец: 1. Свéта ещё не **сделала** матемáтику.
Она её сейчас **делает.**

1. Свéта ещё не … матемáтику. Она её сейчас … 2. Юля еще не … сочинéние. Она его сейчáс … (писáть/написáть). 3. Я (мужчи́на) ещё не … парáграф. Я егó сейчáс … . (читáть/прочитáть) 4. Мы ещё не … . Мы сейчáс … . (обéдать/пообéдать) 5. Я (жéнщина) ещё не … мáме. Я сейчáс ей … . (звони́ть/позвони́ть) 6. Студéнты ещё не … прáвило. (учи́ть/вы́учить). Они его сейчáс (учи́ть/вы́учить). 7. Аня ещё не … бáбушку. Она её сейчáс … . (стричь/постри́чь) 8. Дéти ещё не … фрýкты. Они их сейчáс … . (есть/съесть) 9. Вы ещё не … упражнéние нóмер пятнáдцать. Вы его сейчáс … . (дéлать/сдéлать)

 Упражнение 16

Translate into Russian.

1. You should not give up if something goes wrong. 2. Have you (plural) already done all your homework? 3. I (girl) have written the essay, but I haven't done the Math. I am doing it now. 4. Yesterday I (man) watched a very interesting documentary on TV (from beginning to end). 5. Yesterday Nina gave her poodle a haircut. 6. On Saturday morning John was mowing his front lawn (lawn in front of the house). 7. I (woman) was reading this book yesterday and the day before yesterday, but I haven't finished it yet (I haven't read it yet). 8. We haven't had lunch yet. 9. Lenochka has already eaten her ice cream. 10. Little Misha wants to do it by himself (the whole thing). 11. The kids did not finish eating fruit.

Test Yourself 1

Translate into Russian

1. Maxim studies at the University majoring in Economics.

2. We have to buy some sugar, because we don't have any sugar.

3. Usually I (female) go to the swimming pool with Marina, but today I am going to the swimming pool alone.

4. Sveta speaks with her grandma in Ukrainian.

5. This store has a big parking lot.

6. The secretary (female) doesn't chat on the phone when the boss is around.

7. We live on the 8th floor of a big multistory building.

8. This is the taxi in which Irina arrived.

9. I am looking at myself in the mirror.

10. They want to discuss this question among themselves.

11. Whom does he love? He loves himself.

12. Who loves him? His mom loves him.

13. I (man) am buying this computer for my brother. I bought one for myself last year.

14. Polyglot says that he knows a language if he speaks it fluently.

15. What should one do in order to learn a language quickly?

16. You (polite) should study every day, always learn phrases in context, and not give up when something goes wrong.

17. We used to groom our poodle at a grooming saloon, but now I (a woman) groom it myself.

18. Misha did it by himself (without any help).

19. Nina, have you (informal) called grandma? Not yet, I am calling her right now.

20. Yesterday I (boy) was writing an essay for 4 hours, but I have not finished it yet (haven't written it.)

Четвёртый урок

T 29

На таможне

Джон Смит – бизнесме́н. Его́ деловы́е партнёры нахо́дятся в Москве́. Они пригласи́ли Джо́на в го́сти. Джон давно́ мечта́л посети́ть Москву́ и посмотре́ть её достопримеча́тельности.

Сейча́с Джон нахо́дится в моско́вском аэропорту́ Шереме́тьево-2. Он до́лжен пройти́ па́спортный контро́ль и досмо́тр багажа́. Тамо́женную деклара́цию Джон запо́лнил ещё в самолёте. У него́ в пра́вой руке́ чемода́н, а в ле́вой - доро́жная су́мка. На ле́вом плече́ у него́ су́мка с компью́тером.

Диало́г

T 32

Тамо́женник: Ваш па́спорт, пожа́луйста.

Джон: Вот, пожа́луйста.

Таможенник: Господи́н Смит, отку́да вы лети́те?

Джон: Я лечу́ из Сан Франци́ско.

Тамо́женник: Кака́я цель визи́та?

Джон: Би́знес.

Тамо́женник: Вы в пе́рвый раз в Москве́?

Джон: Да, в пе́рвый раз.

Тамо́женник: Так, посмо́трим. Вы задеклари́ровали ваш персона́льный компью́тер и фотоаппара́т. Что в ва́шем чемода́не?

Джон: Ли́чные ве́щи.

Тамо́женник: Нарко́тики везёте?

Джон: Нет. Нарко́тиков нет.

Тамо́женник: Лека́рства, проду́кты?

Джон: Нет, лека́рств нет и проду́ктов то́же нет.

Тамо́женник: Валю́ту везёте?

Джон: Да, у меня́ есть до́ллары.

Тамо́женник: Рубли́, е́вро?

Джон: Нет, рубле́й нет и е́вро то́же нет.

Таможенник: Ско́лько до́лларов везёте?

Джон: Две ты́сячи. Я до́лжен их деклари́ровать?

Таможенник: Нет,   две ты́сячи мо́жно не деклари́ровать.
            Хорошо́.

(Тамо́женник ста́вит штамп в па́спорт Джо́на.)

Тамо́женник: Сле́дующий!

Я ви́жу си́нюю маши́ну

T 34

деревя́нная дверь		деревя́нную дверь
си́няя маши́на		си́нюю маши́ну
чёрный лимузи́н	Я ви́жу	чёрный лимузи́н
си́нее море		си́нее мо́ре
ва́жные вопро́сы		ва́жные вопро́сы

 Упражне́ние 17

Put the words in parentheses into correct form, as in the example.

Образе́ц: 1. Ребёнок смо́трит на **высо́кую
        ба́шню.**

1. Ребёнок смо́трит на (высо́кая ба́шня). 2. Певи́ца ещё не

вы́учила (эта но́вая пе́сня). 3. Андрю́ша о́чень лю́бит
(твоя́ сестра́). 4. Вы уже́ прове́рили (электро́нная по́чта)?
5. Ма́шенька не хо́чет есть (ма́нная ка́ша). 6. Ученики́ ещё
не сде́лали (дома́шняя рабо́та). 7. Мой брат обожа́ет
(испа́нская гита́ра). 8. Джон сейча́с заполня́ет (тамо́женная
деклара́ция). 9. Сего́дня Иго́рь прочита́л (о́чень интере́сная
статья́) о компиля́торе. 10. Ири́на на вы́ставке ви́дела
(изуми́тельная хруста́льная ва́за).

 Упражнение 18

Put the words in parentheses into correct form, as in the example.
Pay attention to the gender of the nouns.

Образец:

1. Журналисты очень любят
скандальные истории.

1. Журнали́сты о́чень лю́бят (сканда́льные исто́рии).
2. Джон неда́вно купи́л себе́ (шика́рный бе́лый кадилла́к).
3. Ни́на обожа́ет (класси́ческая му́зыка). 4. Вчера́ мы ходи́ли в
(италья́нский рестора́н). 5. Ты уже́ ви́дел (на́ша но́вая варти́ра)?
6. Я не зна́ю (твоя́ ста́ршая сестра́). 7. Наш де́душка о́чень
лю́бит (э́то ста́рое кре́сло). 8. Мы с бра́том сейча́с смо́трим
(на́ши де́тские фотогра́фии). 9. Скажи́те пожа́луйста, где
мо́жно купи́ть (иностра́нная валю́та)?

 **Упражнение 19** | **Т 35** |

Answer the following questions, as in the example.

Образец: **1. Нет, я её сейчас делаю.**

1. Саша, ты уже сделал домашнюю работу? 2. Роберт, ты уже познакомился с Ириной? 3. Оля, вы прочитали его новую книгу? 4. Сергей Иванович, вы написали ответ клиенту? 5. Юля, ты уже постригла пуделя? 6. Ты уже прочитал моё сообщение? 7. Джон, ты уже заполнил таможенную декларацию? 8. Родители, вы уже посмотрели наши свадебные фотографии? 9. Миша, ты уже сказал маме, что Таня приехала?

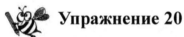 **Упражнение 20**

Ask questions about the words in bold.

Образец: **1. Кому папа сам приготовил завтрак?**

1. Папа сам **себе** приготовил завтрак. 2. **Миша** сам себе купил машину. 3. Мы **себя** не видим в зеркале. 4. Вчера Саша с Мариной ходили **в гости.** 5. В среду Николай Иванович был **на работе.** 6. **В четверг** мы едем на дачу. 7. Григорий пригласил Анну **на концерт.** 8. Я прочитал **очень интересную** книгу. 9. Сейчас Джон находится в **московском** аэропорту Шереметьево-2. 10. Моя жена купила **себе** новое платье.

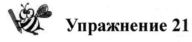 **Упражнение 21**

Complete the sentences using the correct verb of motion.

Образец: 1. **Сейчас я еду на работу.**

1. Сейча́с я ... на рабо́ту (е́хать/е́здить). 2. Па́па ... сы́на в бассе́йн два ра́за в неде́лю (везти́/вози́ть). 3. В э́тот моме́нт Ни́на ... на самолёте в Москву́ (лете́ть/лета́ть). 4.. Куда́ вы сейча́с ... (идти́/ходи́ть)? 5. Никола́й Петро́вич ча́сто... на рабо́ту на маши́не (е́хать/е́здить). 6. Мы всегда́ ... в Нью-Йорк на самолёте (лете́ть/лета́ть). 7. Наш нача́льник ... по ко́мнате уже́ два́дцать мину́т (идти́/ходи́ть). 8. Ви́ктор всегда́ ... апте́чку в маши́не (везти́/вози́ть). 9. Смотри́, ви́дишь ту же́нщину, кото́рая ... ребёнка в коля́ске (везти́/вози́ть)? 10. Моя́ ба́бушка не лю́бит (лете́ть/лета́ть) на самолёте.

 Упражнение 22

Translate into Russian.

1. He bought himself a car with his own money. 2. Journalists love scandalous stories. 3. We love Chinese food. 4. Are you carrying any foreign currency? 5. At the moment my brother and I are looking at our photos. 6. Olga Petrovna, have you read his new book? 7. Can you tell me, please, where I can buy foreign currency? 8. On Thursday we are going to the country house. 9. I don't know your (informal) older sister. 10. Look! (informal) Do you see that woman with a baby in a stroller? (driving a baby in a stroller) 11. He has not done the homework.

Пятый урок

Общественный транспорт

T 36

В ка́ждом го́роде Росси́и есть обще́ственный тра́нспорт: трамва́й, тролле́йбус, авто́бус, метро́, маршру́тное такси́. Обы́чно движе́ние тра́нспорта начина́ется где́-то в 5.30 утра́ и конча́ется в час но́чи. Большинство́ люде́й испо́льзуют обще́ственный тра́нспорт, что́бы е́хать на работу, в гости, в кино, в театр или просто погулять.

Сейчас многие семьи имеют собственные машина и могут ездить на них на работу. Но очень часто они также используют общественный транспорт, потому что это дешевле, а иногда и быстрее.

Общественный транспорт в России очень популярен. Обычно людей в транспорте очень много, и поэтому многие люди всю дорогу стоят в транспорте. Это норма.

В каждом городе свои тарифы за проезд в общественном транспорте. Билет можно купить в киоске на остановке или в транспорте у водителя или кондуктора. В метро нужно покупать жетоны, которые продаются в вестибюле на каждой станции метро.

Есть и другие формы оплаты проезда, например, проездной билет. Его тоже можно купить в киоске на остановке. Есть проездные на месяц, на квартал, на год на десять, на пятнадцать дней. Проездные билеты обычно покупают люди, которые ездят каждый день и которые используют разные виды транспорта.

В общественном транспорте существует целая система льгот. Бесплатно могут ездить пенсионеры, школьники и некоторые другие категории людей. Проездные билеты для студентов стоят дешевле.

T 39

Что обычно говорят в транспорте

Максим сейчас едет на автобусе в университет. Он должен заплатить за проезд. Максим сидит далеко от водителя, поэ́тому он про́сит друго́го пассажи́ра переда́ть де́ньги.

Максим: Переда́йте, пожа́луйста, на биле́т.

Пассажир: Вам оди́н?

Максим: Да.

Че́рез две мину́ты пассажи́р передаёт Макси́му сда́чу:

Пассажир: Пожа́луйста, ва́ша сда́ча.

Максим: Спаси́бо.

T42

    Же́нщина хо́чет вы́йти на сле́дующей остано́вке. Она́ тро́гает за плечо́ высо́кого мужчи́ну, кото́рый стои́т пе́ред ней.

Женщина: Мужчи́на, вы на сле́дующей остано́вке
                выхо́дите?

Мужчина: Да, выхожу́.

Девушка смотрит на молодого человека

T44

– На кого́ смо́трит молодо́й челове́к?

– Молодо́й челове́к смо́трит на краси́вую де́вушку.

– На кого́ смо́трит де́вушка?

– Де́вушка смо́трит на молодо́го челове́ка.

Ого/его

этот известный артист		э́того изве́стного арти́ста
мла́дший брат	Я ви́жу	мла́дш**его** бра́та
свой нача́льник		сво**его́** нача́льника
пе́рвый учитель		пе́рв**ого** учи́теля

 Упражнение 23

Put the words in parentheses into correct form.

Образец: 1. Ты знаешь **моего старшего брата?**

1. Ты зна́ешь (мой ста́рший брат)? 2. Сего́дня к нам на переда́чу мы пригласи́ли (изве́стный спортсме́н). 3. Вчера́ в теа́тре мы ви́дели (наш нача́льник с жено́й). 4. Вы ви́дите (этот высо́кий мужчи́на)? 5. Я смотрю́ на (ваш сын) и ви́жу, что он о́чень акти́вный ма́льчик. 6. Мари́я Ива́новна обожа́ет (свой ры́жий кот). 7. Мой муж о́чень хорошо́ зна́ет (твой дире́ктор). 8. Ди́ма не зна́ет (ваш сосе́д). 9. И́горь не ви́дел (свой ста́рший брат) два го́да. 10. Вы должны́ встреча́ть (ка́ждый клие́нт) с улы́бкой. 11. Я по́мню (свой пе́рвый учи́тель).

Упражнение 24   T 46

Ask questions about the words in bold.

Образец: **1. Кого я вижу?**

1. Я ви́жу **того́ ма́ленького ма́льчика**. 2. Ни́на стрижёт **своего́ пу́деля** сама́. 3. Наш па́па не лю́бит **зелёный сала́т**. 4. Ме́неджер хо́чет нам показа́ть **своего́ лу́чшего рабо́тника**. 5. Мари́я Ива́новна помнит **своего́ ка́ждого ученика́**. 6. Ка́тя не по́мнит **но́мер авто́буса**. 7. Ты не понима́ешь **на́шего нача́льника**. 8. Бо́льшинство люде́й испо́льзуют **обще́ственный тра́нспорт**. 9. Макси́м купи́л себе́ **проездно́й биле́т на ме́сяц**. 10. Вы должны́ встре́тить **на́шего го́стя** в 2 часа́.

 Упражнение 25

Complete the sentences by inserting the conjunctions **потому что** (because) or **поэтому** (therefore).

Образец: 1. Мы не пошли́ на пикни́к, **потому что** шёл дождь.

1. Мы не пошли́ на пикни́к, …. шёл дождь. 2. Мама пришла́ с рабо́ты 5 мину́т наза́д, …. она не пригото́вила обе́д. 3. Макси́м пло́хо написа́л дикта́нт, …. что он не вы́учил слова́. 4. Ви́ктор Серге́евич ещё не пообе́дал, …. он был о́чень за́нят. 5. Влади́мир не запо́лнил тамо́женную деклара́цию в самолёте, …. он её сейча́с заполня́ет. 6. Григо́рий подари́л А́нне цветы́, …. сего́дня её день рожде́ния.

7. Никола́й Никола́евич всегда́ е́здит на маши́не, …. он не лю́бит обще́ственный тра́нспорт. 8. В авто́бусе бы́ло мно́го люде́й, …. Ири́на стоя́ла всю доро́гу. 9. Макси́м всегда́ покупа́ет проездно́й биле́т, …. это деше́вле. 10. Тама́ра хо́чет заплати́ть за прое́зд, …. он про́сит друго́го пассажи́ра переда́ть де́ньги.

Кто ста́рше?

– Кто ста́рше?

– Мари́я Ива́новна ста́рше, чем Све́та.

– Кто мла́дше?

– Све́та мла́дше, чем Мари́я Ива́новна.

– Что бо́льше?

– Ва́за бо́льше, чем стака́н.

– Что ме́ньше?

– Стака́н ме́ньше, чем ва́за.

Старший – старше

старший	старше
большо́й	бо́льше
дешёвый	деше́вле
бы́стрый	быстре́е

 Упражнение 26

Answer the questions, following the example.

Образец: **1. Максим старше чем Саша.**

Саша младше чем Максим.

1. Кто ста́рше, и кто мла́дше: Са́ша (5лет) и́ли Макси́м (7 лет)?
2. Кто вы́ше, и кто ни́же: жира́ф или зе́бра? 3. Что деше́вле, и что доро́же: маши́на или велосипе́д? 4. Что быстре́е, и что ме́дленнее: маши́на или самолёт? 5. Кто бо́льше, и кто ме́ньше: кот и́ли крокоди́л? 6. Что вам трудне́е, и что ле́гче: чита́ть по-ру́сски и́ли говори́ть по-ру́сски?

 **Упражнение 27**

Translate into Russian.

1. Do you (informal) know my older brother? 2. You (polite) must greet (meet) each customer with a smile. 3. A dog is looking at its master. 4. Maxim bought himself a monthly pass. 5. There were a lot of people on

the bus, therefore Irina was standing for the whole way. 6. We did not go to the picnic because it was raining. 7. Maxim did not do well on dictation, because he has not learned the words. 8. Nikolay Nikolayevich does not like public transportation, that is why he always goes by car. 9. Who is bigger: a tiger or a cat? 10. For me it is easier to read in Russian than to speak Russian.

Шестой урок

Внешность

У Семёна дли́нное лицо́, коро́ткие све́тлые во́лосы, се́рые глаза́, у́зкий дли́нный нос, то́нкие гу́бы и больши́е у́ши.

– Како́е у Алекса́ндра лицо́?

– У Алекса́ндра кру́глое лицо́.

– Каки́е у него́ глаза́?

– У него́ тёмно-си́ние глаза́.

– Каки́е у него́ во́лосы?

– У него́ кудря́вые ры́жие во́лосы.

– Како́й у него́ нос?

– У него́ широ́кий мяси́стый нос.

– Каки́е у Алекса́ндра гу́бы?

– У Алекса́ндра по́лные гу́бы.

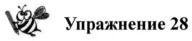

Упражнение 28

Describe your appearance, using the words from the table below.

же́нщина	стро́йная , краси́вая, симпати́чная, прия́тная, по́лная, элега́нтная;
мужчи́на	кре́пкий, худоща́вый, краси́вый, прия́тный, высо́кий, невысо́кий;
лицо́	ова́льное, кру́глое, квадра́тное, дли́нное;
глаза́	ка́рие, зелёные, се́рые, голубы́е, чёрные, си́ние, больши́е, ма́ленькие, я́ркие;
нос	прямо́й, курно́сый, орли́ный, мяси́стый, широ́кий, у́зкий;
гу́бы	то́нкие, пу́хлые, по́лные;
во́лосы	густы́е, прямы́е, вью́щиеся, кудря́вые, све́тлые, тёмные, ру́сые, ры́жие, кашта́новые, чёрные, седы́е;
у́ши	больши́е, ма́ленькие

Коллеги

Светла́на и Никола́й – колле́ги. Они рабо́тают в небольшо́й рекла́мной компа́нии.

Светла́на – молода́я стро́йная де́вушка. У неё коро́ткие ру́сые во́лосы, ма́ленький прямо́й нос и я́ркие голубы́е глаза́. Светла́на рабо́тает ме́неджером.

Никола́й – невысо́кий кре́пкий молодо́й челове́к. У него́ дли́нные тёмные во́лосы, большо́й нос и больши́е ка́рие глаза́. Никола́й говори́т, что у него́ орли́ный нос, потому́ что он похо́ж на своего́ де́душку - грузи́на. Никола́й рабо́тает диза́йнером.

Диалог

Никола́й:	Све́та, приве́т!
Света:	До́брое у́тро, Ко́ля! Как дела́?
Никола́й:	Да всё хорошо́. У́тром немно́го опозда́л на рабо́ту. Про́бки! Ты что сего́дня де́лаешь в обе́денный переры́в?
Света:	Сего́дня сто́лько рабо́ты! Не зна́ю бу́дет ли у меня́ вре́мя пообе́дать.
Никола́й:	Пра́вда? А я ду́мал, что мы вме́сте пообе́даем. Ты слы́шала о но́вом кафе́? Оно откры́лось на про́шлой неде́ле. Называ́ется «Дома́шняя еда́». Оно нахо́дится на сосе́дней у́лице. Всего́ пять мину́т пешко́м!
Света:	Ой, Ко́ля, я не зна́ю. Я в обе́д бу́ду на встре́че

с клие́нтом. У меня́ с ним встре́ча в час. И в кафе́ я о́чень хочу́ сходи́ть. Моя́ подру́га то́же говори́ла, что там о́чень вку́сно гото́вят, и недо́рого. Я сейча́с позвоню́ своему́ клие́нту и попро́бую перенести́ встре́чу на друго́е вре́мя.

Николай: Отли́чно! Но, е́сли ты не смо́жешь перенести́ свою́ встре́чу, то я куплю́ тебе́ обе́д.

Света: Ко́ля, ты настоя́щий друг! Спаси́бо.

Николай: Я зна́ю, что я хоро́ший. Но ты, е́сли бу́дешь рабо́тать 8 часо́в в день, то ста́нешь нача́льником и бу́дешь рабо́тать 12 часо́в в день!

Света: Ха-ха-ха! Да, так и бу́дет.

Николай: Позвони́ мне, е́сли смо́жешь перенести́ встре́чу.

Света: Хорошо́, я сейча́с позвоню́ клие́нту, а пото́м позвоню́ тебе́.

Николай: Хорошо́, я бу́ду ждать твоего́ звонка́. Пока́!

Света: Пока́!

Упражнение 29

Label the picture, using the words from the box. Consult the dictionary when necessary.

голова́ ше́я   нос   глаз рот во́лосы   рука́ нога́
па́лец   па́лец   кисть   живо́т   грудь   плечо́

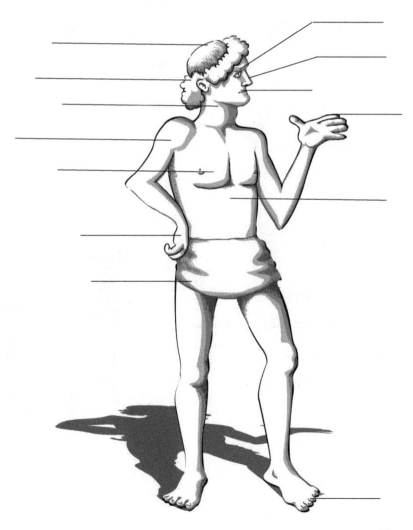

Собака похожа на своего хозяина

– На кого́ похо́жа соба́ка?

– Соба́ка похо́жа на своего́ хозя́ина.

У неё тако́й же дли́нный нос и таки́е же дли́нные но́ги.

Дочь похо́жа на свою́ мать.
У неё таки́е же све́тлые во́лосы,
тако́й же курно́сый нос
и така́я же похо́дка.

 **Упражнение 30**

Create sentences describing who takes after whom.

Образец:

1. Я похож на вас.

1. я (мужчи́на) ⟶ 2. вы ⟶ 3. она ⟶ 4. он ⟶

5. мы ⟶ 6. они ⟶ 7. Еле́на Бори́совна ⟶

8. Влади́мир ⟶ 9. Михаи́л Никола́евич ⟶

10. Людми́ла ⟶ 11. ты (де́вушка) ⟶ 12. брат ⟶

13. я (же́нщина) ⟶ 14. сын ⟶ 15. ба́бушка ⟶

16. де́душка ⟶ 17. внук ⟶ 18. ма́ма ⟶ 19. сестра́.

Завтра я пойду в театр

T 53

– Света, куда́ ты сейча́с идёшь?

– Я иду́ домо́й.

– Куда́ ты завтра пойдёшь?

– Завтра я пойду́ в теа́тр.

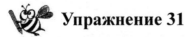 **Упражнение 31** | T 55 |

Different people are doing something at the moment. Rephrase the sentences to describe what they will do tomorrow. For Perfective form of a verb check the table on the RussianStepByStep.com website.

Образец: **1. Завтра Марина с Сашей пойдут в ресторан.**

1. Мари́на с Са́шей сейча́с иду́т в рестора́н. 2. Нина сейча́с стрижёт своего́ пу́деля. 3. Ми́ша сейча́с смо́трит интере́сный францу́зский фильм. 4. Мы сейча́с е́дем в аэропо́рт на такси́. 5. Куда́ вы сейча́с идёте? 6. И́горь сейча́с покупа́ет себе́ но́вый компью́тер. 7. Студе́нты сейча́с у́чат но́вые слова́. 8. Оля сейча́с пи́шет письмо́ Мари́не. 9. Ба́бушка сейча́с гото́вит у́жин.

 Упражнение 32

Different people are doing something at the moment or will do something some other time. Complete the sentences by choosing the correct form of the verb.

1. Обы́чно Та́ня …. себе́ оде́жду сама́. покупа́ть
купи́ть

2. Мой нача́льник сказа́л, что за́втра …. идти́
на рабо́ту в 10 часо́в. прийти́

3. Я обеща́ю, что …. ва́шу статью́ чита́ть

послезавтра.	прочита́ть
4. Куда́ э́то на́ши сосе́ди …. таки́е наря́дные?	идти́ пойти́
5. Оле́г …. письмо́ за́втра.	писа́ть написа́ть
6. Ле́ночка сейча́с …. моро́женое.	есть съесть
7. Мы …. вашу квартиру на следующей неделе.	смотре́ть посмотре́ть
8. Куда вы …. вечером?	идти́ пойти́
9. Ни́на …. ва́шего пу́деля послеза́втра.	стричь постри́чь

 Упражнение 33

Translate into Russian.

1. Nikolay is an athletic and not very tall young man. 2. Irina has big bright eyes, long red hair and turned up nose. 3. This dog looks like his master. 4. I (boy) look like my grandpa. 5. Where will you (polite) go tomorrow? 6. Where are you (informal) going tomorrow? 7. We will have a look at your (informal) new apartment on Sunday. 8. I will read your (polite) article the day after tomorrow. 9. I will call my client right now and will try to reschedule our appointment. 10. My boss told me that he would come to work at 10.00 AM tomorrow.

Test Yourself 2

Translate into Russian

1. He bought himself a car with his own money.

2. I am looking at myself in the mirror.

3. Journalists love scandalous stories.

4. We love Chinese food.

5. Are you (formal) carrying any foreign currency?

6. Right now my brother and I are looking at our photos.

7. Olga Petrovna, have you already read his new book?

8. Can you tell me, please, where I can buy some foreign currency?

9. I don't know your (polite) older sister.

10. Look (informal)! Do you see that woman with a baby in a stroller?

11. He has not done the homework.

12. Where are you (plural) going tomorrow (by transportation)?

13. Tomorrow we are going to the country house (by transportation)?

14. Where will you (plural) go the day after tomorrow (by foot)?

15. The day after tomorrow we will go to the theatre.

16. What is easier for you (informal): to read Russian or to speak Russian?

17. Have you (plural) heard about the new café? It is located on the neighboring street.

18. I will call my client now and try to reschedule our appointment.

19. The dog looks like his master.

20. This girl takes after her mother. She has the same light hair, the same turned up nose and the same gait.

21. Olga has written a letter to her Mom.

Седьмой урок

У кассы

Никола́й Никола́евич е́дет в командиро́вку в Москву́. Сего́дня четве́рг, а за́втра пя́тница. Никола́й Никола́евич до́лжен быть в Москве́ в понеде́льник, но он реши́л прие́хать в Москву́ на два дня ра́ньше.

Ста́рший брат Никола́я Никола́евича, Семён

Никола́евич, живёт в Москве́, и Никола́й Никола́евич давно́ его́ не ви́дел. Обы́чно он е́здит в Москву́ на по́езде.

Никола́й Никола́евич сейча́с стои́т у око́шка ка́ссы. Он хо́чет купи́ть биле́т в Москву́.

Диалог

Т 59

Никола́й Никола́евич:	Мне, пожа́луйста, оди́н биле́т на за́втра до Москвы́.
Касси́р:	Купе́ или плацка́рт?
Николай Николаевич:	Купе́.
Кассир:	Одно́ купе́йное ме́сто на восьмо́е а́вгуста. Ме́сто тре́тье, ни́жнее. Обра́тно на како́е число́?
Николай Николаевич:	На трина́дцатое.
Кассир:	На трина́дцатое а́вгуста одно́ купейное. На трина́дцатое а́вгуста, ме́сто два́дцать шесто́е, ве́рхнее.
Николай Николаевич:	Хорошо́.
Кассир:	Одно́ купе́йное на восьмо́е а́вгуста до Москвы́. Обра́тно на трина́дцатое а́вгуста. 2945 рубле́й.

Николай Николаевич даёт де́ньги касси́ру.

Николай Николаевич:	Пожа́луйста.

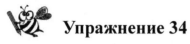 **Упражнение 34**

Answer the questions about Nikolay Nikolayevich.

Образец: **1. Николай Николаевич едет в командировку в Москву.**

1. Куда Николай Николаевич едет в командировку? 2. Какой сегодня день недели? 3. Когда он решил приехать в Москву? 4. Кто живёт в Москве? 5. Почему Николай Николаевич решил приехать в Москву на два дня раньше? 6. Как обычно Николай Николаевич ездит в Москву? 7. Где сейчас стоит Николай Николаевич? 8. Что он хочет купить? 9. Он хочет купить купе или плацкарт? 10. На какое число Николай Николаевич хочет купить билет в Москву? 11. На какое число Николай Николаевич хочет купить обратный билет? 12. Сколько стоят билеты?

Откуда он?

– Это Акито Танака.

– Откуда он?

– Он из Японии.

– Из какого города Акито Танака?

– Акито Танака из Токио.

Упражнение 35　　 T 61

Create short dialogues, following the example.

Образец:

> **1. – Это Линда Уорнер.**
>
> **– Откуда она́?**
>
> **– Она из Англии.**
>
> **– Из какого она города?**
>
> **– Она из Лондона.**

1.　　Ли́нда Уо́рнер/А́нглия/Ло́ндон;

2.　　Ива́н Хо́лодов/Росси́я/Москва́;

3.　　Майк Джо́нсон/Аме́рика/Вашингто́н;

4.　　Луча́но Доно́ла/Ита́лия/Рим;

5.　　Минь Минь Хо (же́нщина)/Кита́й/Пеки́н;

6.　　Франсуа́ Легра́н/Кана́да/Монреа́ль;

7.　　Поль Мариа́/Фра́нция/Пари́ж;

8.　　Гали́на Петре́нко/Украи́на/Ки́ев;

9.　　Миге́ль Ло́рка/Испа́ния/Мадри́д;

10.　　Пе́дро Мендо́за/Ме́ксика/Ме́хико;

11.　　Ганс Крю́гер/Герма́ния/Берли́н;

12.　　Анто́н Бо́тев/Болга́рия/Софи́я;

13.　　Айгу́ль Алтынба́ева/Казахста́н/Астана́.

Ого/его, ой/ей

	из, с (о), до	
большо́й хороший го́род		из большо́го хоро́шего го́рода
больша́я хоро́шая компа́ния		из большо́й хоро́шей компа́нии
второ́й путь		со второ́го пути́
тре́тий путь		с тре́тьего пути́
ма́ленькая дере́вня		до ма́ленькой дере́вни

 Упражнение 36

T 62

Look at the train schedule from the Kurskiy railway station in Moscow and create pairs of sentences about departure from Moscow and arrival to the final destination following the example.

Образец:

1. Поезд № 129 Москва-Симферополь отправляется из Москвы в 7.17 со второго пути.

Поезд № 129 Москва-Симферополь прибывает в Симферополь в 5.25.

Расписание поездов с Курского вокзала в Москве

	№	Пункт назначе́ния	Отправле́ние	Прибы́тие	Путь
1.	129	Симферо́поль	7:17	05:25	2
2.	065	Никола́ев	08:53	11:42	8
3.	105	Курск	11:20	20:13	5
4.	111	Севасто́поль	15:00	17:10	10
5.	099	Ки́ев	15:19	23:23	1
6.	116	Влади́мир	18:04	20:32	4
7.	048	Омск	19:00	09:38	9
8.	019	Ха́рьков	21:25	09:26	3
9.	125	Доне́цк	23:20	17:20	6

Упражнение 37

Look at the train schedule from the Kurskiy railway station in Moscow and create short dialogues as in the example.

Образец:

1. Из какого города отправляется поезд №129?
Поезд №129 отправляется из Москвы.

До какого города едет поезд №129?
Поезд №129 едет до Симферополя.

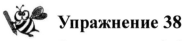 **Упражнение 38**

Create sentences as in the example with each day of the week.

Образец: **1. Пока, до понедельника!**

1. понеде́льник; 2. вто́рник; 3. среда́; 4. четве́рг;
5. пя́тница; 6. суббо́та; 7. воскресе́нье.

 Упражнение 39

Translate into Russian.

1. Nikolay has to be in Moscow on Monday, but he decided to come to Moscow two days earlier. 2. Usually I go to work by car. 3. I (man) have not seen you (informal) for a long time. 4. We are standing at the ticket window. 5. Where is Pedro Mendoza from? 6. He is from Mexico. 7. Which city is he from? 8. He is from Mexico. 9. From which platform does the train Moscow-Omsk depart? 10. It departs from the ninth platform. 11. Bye, Tanya, see you on Tuesday! 12. Where does train №129 go? 13. It goes to Simferopol.

Восьмой урок

Командировка

Т 63

Сегодня пя́тница, за́втра суббо́та – выходно́й день. Никола́й Никола́евич пришёл домо́й в 7 часо́в, пото́м поу́жинал. Пото́м он заказа́л такси́ по телефо́ну.

Когда́ он у́жинал, позвони́л его́ брат. Семён Никола́евич обеща́л встре́тить бра́та на вокза́ле, и поэ́тому он хоте́л знать но́мер ваго́на и но́мер по́езда.

В 7.30 прие́хало такси́. Никола́й Никола́евич сел в

такси́ и пое́хал на вокза́л.

Когда́ он е́хал в такси́, он ви́дел ава́рию: столкну́лись две маши́ны. Образова́лась про́бка. Никола́й Никола́евич боя́лся опозда́ть на по́езд.

В 8.00 он прие́хал на вокза́л. Его́ по́езд уже́ был на платфо́рме. Никола́й Никола́евич сел в по́езд и пое́хал в Москву́.

Диалог

Семён Николаевич:	Ко́ля, приве́т, э́то я.
Николай Николаевич:	Приве́т, Сёма.
Семён Николаевич:	Ты биле́т уже́ купи́л?
Николай Николаевич:	Купи́л, купи́л, ещё вчера́.
Семён Николаевич:	Како́й по́езд?
Николай Николаевич:	По́езд «Солове́й» но́мер 1064 Курск - Москва́.
Семён Николаевич:	А како́й ваго́н?
Николай Николаевич:	Седьмо́й. Я бу́ду в Москве́ в 17.10.
Семён Николаевич:	Так, седьмо́й ваго́н. Отли́чно! Я бу́ду ждать тебя́ на платфо́рме, брати́шка.
Николай Николаевич:	До встре́чи!
Семён Николаевич:	До встре́чи!

По

Све́та, вста́ла в 9 часо́в,

пото́м почита́ла кни́гу,

пото́м поза́втракала,

пото́м посмотре́ла телеви́зор,

пото́м пошла́ с подру́гой в кино́.

 Упражне́ние 40

Complete the sentences using the correct form of the verb as in the example. Keep in mind that you should use perfective form of the verb, when one action happened after another had been completed.

Образец: 1. В пятницу Олег с Игорем
работали над проектом целый день.

1. В пя́тницу Оле́г с И́горем .... (рабо́тать/порабо́тать) над прое́ктом це́лый день.   2. Вчера́ у́тром Семён .... (звони́ть/позвони́ть) бра́ту, а пото́м ве́чером пое́хал на вокза́л его́ встреча́ть.   3. О́льга вста́ла в 7 часо́в, ... (за́втракать/поза́втракать)   и пое́хала в аэропо́рт.   4. Когда́ Ири́на пришла́ домо́й, Ви́ктор Серге́евич .... (говори́ть/поговори́ть) по телефо́ну. 5. Ви́ктор Серге́евич .... (говори́ть/поговори́ть) по телефо́ну, а пото́м пошёл у́жинать.   6. Я (мужчи́на) вчера́ .... (звони́ть/позвони́ть) тебе́

несколько раз.   7. В воскресе́нье у́тром мы немно́жко ….
(рабо́тать/порабо́тать), а пото́м пошли́ в парк.
8. Макси́м пришёл в о́фис в 9 часо́в, …. (чита́ть/почита́ть)
электро́нную по́чту, …. (говори́ть/поговори́ть) с И́горем об
их но́вом прое́кте, а пото́м …. (звони́ть/позвони́ть) мне.

Сидеть, садиться/сесть

Эта де́вушка сади́тся в авто́бус.

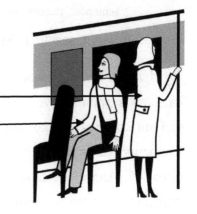

Эти пассажи́ры се́ли в авто́бус.
Эта же́нщина стои́т в авто́бусе.
Эта де́вушка сиди́т в авто́бусе.

Сидеть, садиться/сесть

я	ты	он/она/оно	вы	они
сиде́ть				
сижу́	сиди́шь	сиди́т	сиди́те	сидя́т
сади́ться				
сажу́сь	сади́шься	сади́тся	сади́тесь	садя́тся
сесть				
ся́ду	ся́дешь	ся́дет	ся́дите	ся́дут

 Упражнение 41   T 71

Someone is taking a seat or boarding a vehicle. Rephrase the sentences, describing a completed action, as in the example.

Образец: **1. Мы сели в автобус.**

1. Мы сейча́с сади́мся в авто́бус.   2. Семён Семёнович сади́тся в тролле́йбус.   3. Кто это там сади́тся в маши́ну? 4. Они садя́тся в трамва́й на э́той остано́вке.   5. Куда́ ты (мальчик) сади́шься? Это не на́ши места́.   6. Вы сади́тесь у окна́?   7. Алло́, мы сади́мся в самолёт, и я не могу́ бо́льше разгова́ривать по телефо́ну.

74

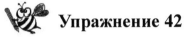 **Упражнение 42** | T 72 |

Rephrase the sentences, describing a future action, as in the example.

Образец: **1. Завтра мы сядем в автобус.**

1. Мы сейча́с сади́мся в авто́бус. 2. Пётр, как обы́чно, пришёл и сел на стул. 3. Ты сади́шься ря́дом со мной. 4. Вы сади́тесь вот здесь, спра́ва. 5. На́ши друзья́ се́ли на по́езд и по́ехали в Москву́. 6. Ю́ля лю́бит сади́ться у окна́. 7. Пассажи́ры садя́тся в самолёт. 8. Ка́ждый день в 8 часо́в я сажу́сь на метро́ и е́ду на рабо́ту. 9. Мы се́ли в тролле́йбус и пое́хали на вокза́л.

Упражнение 43

Ask questions about the words in bold.

Образец: **1. Где сейчас сидят Марина с Сашей?**

1. Мари́на с Са́шей сейча́с сидя́т в **авто́бусе.** 2. Мне сади́ться на **э́тот стул**? 3. Ю́ля лю́бит сиде́ть до́ма, когда́ за окно́м идёт дождь.   4. На́ши друзья́ сидя́т **во второ́м ряду́**. 5. За́втра мы ся́дем **на по́езд** и по́едем в Москву́. 6. Вы ся́дете **у окна́**. 7. Пассажи́ры садя́тся **в самолёт**. 8. Оле́г сиде́л **в кафе́** и ждал Ната́шу.

Упражнение 44

Fill in the blanks by choosing the correct form of the verbs **сидеть/садиться/сесть** (to sit). Keep in mind that you should use perfective form when the action is completed.

Образец: 1. Нина сейчас **сидит** на стуле у окна.

1. Ни́на сейча́с …. на сту́ле у окна́. 2. Смотри́, кто это там .... во второ́м ряду́? 3. Куда́ ты …. ? Это не на́ши места́. 4. Де́ти …. пе́ред телеви́зором и на́чали смотре́ть мульфи́льмы. 5. Ка́ждое у́тро мы …. на авто́бус и е́дем на рабо́ту. 6. Мы сейча́с …. в авто́бусе. 7. Алло́, Све́та, ты уже́ …. в самолёт? Нет, я ещё не …. , я сейча́с …. . 8. Мой сын …. у компью́тера уже́ 4 часа́. 9. Ви́ктор пришёл в кафе́, ... за сто́лик и заказа́л пи́ццу. 10. Ирочка (informal), не …. на этот стул! Лу́чше …. на дива́н.

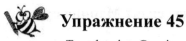 **Упражнение 45**

Translate into Russian.

1. Ivan got up at 7 o'clock, had breakfast and went to the airport. 2. When I (a man) came home, my wife was talking on the phone. 3. On Sunday morning we worked for a while and then went to the park. 4. Irina sees Semyon Semyonovich getting on a bus. 5. She came home and sat down at the window. 6. Where should I sit down? 7. I (man) cannot talk - I have already boarded the plane. 8. My son has already been sitting in front of the computer for 4 hours. 9. Please, take a seat (polite). 10. Oleg was sitting in the café and waiting for Natasha.

Девятый урок

Бронирование гостиницы Т 73

Мари́я и Екатери́на - подру́ги. Они живу́т в Москве́ и у́чатся в университе́те на тре́тьем ку́рсе. Сейча́с у них кани́кулы, и де́вушки реши́ли пое́хать в Санкт-Петербу́рг на неде́лю, что́бы познако́миться бли́же с исто́рией э́того го́рода.

Мари́я и Екатери́на уже́ купи́ли биле́ты на по́езд и упакова́ли чемода́ны. У них оста́лась одна́ ва́жная пробле́ма – гости́ница. Им на́до найти́ подходя́щую гости́ницу и заброни́ровать но́мер.

T 76

Диало́г

Ма́ша: Ка́тя, как ты ду́маешь, мы мо́жем себе́ заказа́ть гости́ницу в це́нтре го́рода?

Ка́тя: На́до позвони́ть и узна́ть сто́имость но́мера за су́тки. Ду́маю, что на́до вы́брать небольшу́ю гости́ницу. Это обы́чно деше́вле.

Ма́ша: Одна́ моя́ колле́га в про́шлом году́ е́здила в Пи́тер. Она́ остана́вливалась в гости́нице «Русь». Она́ говори́ла, что э́то хоро́шая гости́ница и в це́нтре го́рода. Так, сейча́с посмо́трим в интерне́те телефо́н гости́ницы «Русь». Так, Санкт-Петербу́рг, гости́ницы. Гости́ница «Русь». Вот, пожа́луйста.

Ма́ша набира́ет телефо́нный но́мер гости́ницы «Русь».

Администра́тор: Гости́ница «Русь».

Ма́ша: До́брый день. Мы звони́м вам из Москвы́. Хоти́м заказа́ть но́мер на неде́лю. Прие́дем за́втра.

Администратор: Хорошо́, како́й но́мер вы хоти́те:

стандáртный и́ли улу́чшенный?

Маша:	А ско́лько сто́ит стандáртный и ско́лько сто́ит улу́чшенный?
Администратор:	Стандáртный но́мер сто́ит 3000 рубле́й в су́тки, цена́ улу́чшенного но́мера 4000 в су́тки.
Маша:	Секу́нду. Сейчáс посове́туюсь с подру́гой. Кáтя, обы́чный но́мер 3000, улу́чшенный доро́же на одну́ ты́сячу. Что бу́дем закáзывать?
Катя:	Давáй заброни́руем стандáртный. Сэконо́мим де́ньги.
Маша:	Да, сэконо́мим де́ньги и похо́дим по магази́нам... Так, мы хоти́м заказáть стандáртный на неде́лю с зáвтрашнего дня.
Администратор:	Но́мер на одного́ и́ли на двои́х?
Маша:	На двои́х, пожáлуйста.
Администратор:	Вы бу́дете зáвтракать в гости́нице? Е́сли да, то сто́имость прожива́ния с зáвтраком на двои́х 3500 рубле́й в су́тки.
Маша:	Да, хорошо́.
Администратор:	Скажи́те, пожáлуйста, вáшу фами́лию, и́мя, о́тчество.
Маша:	Кузнецо́ва Мари́я Никола́евна.
Администратор:	Мари́я, как бу́дете плати́ть?

Маша:	Нали́чными, е́сли мо́жно.
Администратор:	Да, мо́жно нали́чными и́ли креди́тной ка́ртой.
Администратор:	Хорошо́. Ваш но́мер телефо́на пожа́луйста.
Маша:	8- 888- 765-56-56.
Администратор:	8- 888- 765-56-56. Хорошо́. Жди́те.

Че́рез 5 мину́т звони́т телефо́н.

Администратор:	Мари́я Кузнецо́ва?
Маша:	Да, это я.
Администратор:	Так. Вы заброни́ровали но́мер на двои́х с 18 ию́ля по 25 ию́ля на Мари́ю Кузнецо́ву. В сто́имость прожива́ния вхо́дят за́втраки. Плати́ть бу́дете нали́чными в моме́нт заселе́ния. При себе́ вам ну́жно име́ть па́спорт. Всего́ до́брого.
Маша:	Спаси́бо. До свида́нья.
Катя:	Всё? Ты заброни́ровала но́мер?
Маша:	Да, с за́втрашнего дня.
Катя:	Отли́чно! Я боя́лась, что все номера́ бу́дут за́няты.
Маша:	Я то́же боя́лась, что не бу́дет но́меров. И цена́ подходя́щая. Я ду́мала, что бу́дет доро́же.

Со вчерашнего дня

- Как до́лго Васи́лий
  гото́вится к
  экзамену?

- Васи́лий гото́вится к
  экза́мену со
  вчера́шнего дня.

Ого/его, ой /ей

большо́й го́род	Он прие́хал	**из** большо́**го** го́рода
ма́ленькая дере́вня		**из** ма́ленько**й** дере́вни
сего́дняшний день	Вы рабо́таете	**с** сего́дняшн**его** дня
сле́дующая неде́ля		**со** сле́дующ**ей** неде́**ли**
вчера́шний день	Я зна́ю это	**со** вчера́шн**его** дня

 **Упражнение 46**

Look at the table below and create sentences about those people who started to work for different companies on different dates, following the example.

Образец: **1. Марина работает в нашей компании со вчерашнего дня.**

1. Марина	наша компания	вчерашний день
2. Иван Иванович	ваша компания	сегодняшний день
3. Игорь Петрович	ваш университет	завтрашний день
4. Нина Николаевна	этот магазин	прошлая неделя
5. мы	эта школа	прошлый месяц
6. ты	этот институт	прошлый год
7. Ирина Викторовна	эта фирма	прошлое лето
8. Михаил	та фирма	прошлая весна
9. Наталья Андреевна	та библиотека	прошлая зима
10. вы	этот банк	прошлая осень
11. Джеймс	компания «Боинг»	две тысячи первый год
12. они	оперный театр	две тысячи второй год

 **Упражнение 47** | T 79 |

Rephrase the following sentences, as in the example.

Образец: **1. Мы пришли из оперного театра.**

1. Мы пошли́ в о́перный теа́тр.   2. Анна Григо́рьевна пошла́ на по́чту.   3. Де́ти пошли́ в спорти́вную шко́лу.   4. Они́ пое́хали в ботани́ческий сад.   5. Ты пое́хал на вокза́л. 6. Шко́льники пое́хали в истори́ческий музе́й.   7. Григо́рий пое́хал в аэропо́рт.   8. Михаи́л пое́хал на да́чу.   9. Ви́ктор Серге́евич пошёл в университе́т.   10. Она́ пое́хала на авто́бусную ста́нцию.

 Упражнение 48 | T 80 |

Ask questions about the words in bold, as in the example.

Образец: **1. Из какого города они приехали в Москву?**

1. Они́ прие́хали в Москву́ из **ма́ленького** го́рода. 2. Григо́рий пришёл с **важного** собрания.   3. У них нет **англо-русского** словаря́.   4. Ольга лю́бит пить ко́фе из **ма́ленькой си́ней** ча́шки.   5. С **за́втрашнего** дня мы бу́дем рабо́тать над но́вым прое́ктом.   6. Со **сле́дующей** о́сени вы бу́дете у́читься в но́вой шко́ле.   7.   В этом го́роде нет **о́перного** теа́тра.   8. Я беру́ фотогра́фию из **своего́** альбо́ма. 9. Со **сле́дующей** неде́ли вы у них не рабо́таете.

Бояться

Present

	я	ты	он/она/оно	вы	они
боя́ться	бою́сь	бои́шься	бои́тся	бои́тесь	боя́тся

Past

он	она	оно	они
боя́лся	боя́лась	боя́лось	боя́лись

 Упражнение 49

a) Create sentences, describing what people are afraid of.

Образец:

1. Машенька боится темноты.

1. Ма́шенька/темнота́; 2. секрета́рша/нача́льник; 3. ты/
лета́ть на самолёте; 4. мы/опозда́ть на по́езд; 5. коты́/
соба́ки; 6. лю́ди с деньга́ми/инфля́ция; 7. цветы́/хо́лод;
8. на́ша соба́ка/гро́мкая му́зыка.

б) Rephrase the above sentences by putting them in the Past
Tense.

Образец:

1. Машенька боялась темноты.

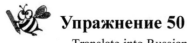 **Упражнение 50**
Translate into Russian.

1. I would like to book a room for two for 3 days. 2. The girls want to find a hotel that suits them the best. 3. How much is the standard room and how much is the superior one? 4. I will pay cash. 5. Our dog is afraid of loud music. 6. People with money are afraid of inflation. 7. You (informal) have been working for our company since last month. 8. We came from the opera (theater) at 10 PM. 9. Olga likes to drink coffee from the small blue cup. 10. Passengers are getting out of the small shuttle. 11. Where are you (polite) from? 12. I am from America.

Test Yourself 3

Translate into Russian.

1. I have not seen my brother for a long time.

2. Usually he goes to work by car.

3. I need one first class ticket to Moscow for the 11th of May.

4. Where is Linda Warner from? She is from California.

5. What city is he from? He is from Rome.

6. Train number 129 departs from the second platform at 5:25 AM.

7. See you on Thursday!

8. Her husband promised to meet her at the railway station.

9. When we were going to the airport by taxi, we saw an accident.

10. Igor came home at 7:00 PM, then had dinner, then watched TV for a while and then called me.

11. Passengers are boarding the plane.

12. Nikolay got in the taxi and took off.

13. We would like to book a standard room for two.

14. Will you (polite) pay cash or with a credit card? I will pay cash.

15. They came to Moscow from a small town.

16. The price is reasonable.

17. They are afraid to be late for the train.

18. The little girl was afraid of darkness.

19. Starting next week, we will be working on a new project.

20. Where are the kids? They went to the Botanical Garden.

21. Michael has been working for our company for 3 days.

22. We came from an Italian restaurant.

Десятый урок

Маршрут

Никола́й ча́сто е́здит на рабо́ту на маши́не. Вчера́ он стоя́л в про́бке полтора́ часа́ и поэ́тому опозда́л на ва́жное собра́ние. Сего́дня он реши́л пое́хать на обще́ственном тра́нспорте.

Никола́й вы́шел из до́ма в 8 часо́в и пошёл на остано́вку авто́буса. На остано́вке он ждал авто́бус 5 мину́т. Когда́ прие́хал авто́бус, Никола́й сел в него́ и пое́хал на ста́нцию метро́. Он е́хал на авто́бусе 15 мину́т. Пото́м он вы́шел из авто́буса и пошёл в сто́рону метро́. Никола́й вошёл в вестибю́ль метро́, купи́л в автома́те два жето́на и пошёл на платфо́рму метро́. На платфо́рме он ждал по́езд одну́ мину́ту. Когда́ прие́хал по́езд, Никола́й сел в него́ и пое́хал. Он е́хал в метро́ 20 мину́т.

Пото́м Никола́й вы́шел из метро́ и пошёл пешко́м на рабо́ту. Он шёл 3 мину́ты. Никола́й пришёл в о́фис ро́вно в 9 часо́в. Сего́дня он не опозда́л на рабо́ту!

Идти / входить / войти

Де́вушка идёт в сто́рону авто́буса.

Де́вушка вхо́дит в авто́бус.

Де́вушка вошла́ в авто́бус.

Упражнение 51 T 84

Rephrase the following sentences, changing the direction of movement, as in the example. Keep in mind that you use Accusative case when talking about movement to a place and Genitive case when talking about getting out of a place.

Образец: **1. Ольга вышла из того белого дома.**

1. Ольга вошла́ в тот бе́лый дом. 2. Маши́на въе́хала в большо́й гара́ж. 3. Ро́вно в 9 часо́в Оле́г вошёл в но́вый о́фис. 4. По́езд въе́хал в дли́нный тонне́ль. 5. Мы вошли́ в ма́ленький зелёный парк. 6. Друзья́ вошли́ в краси́вое се́рое зда́ние. 7. Мотоцикли́сты въе́хали на парко́вку. 8. Такси́ въе́хало в ма́ленькую дере́вню. 9. Еле́на вошла́ в небольшо́е ую́тное кафе́.

 Упражнение 52

Complete the sentences, putting the verbs in parentheses into the correct form.

Образец: 1. Обычно Игорь **выходит** из дома в 7.30, а сегодня **вышел** в 6.30.

1. Обы́чно Игорь …. из до́ма в 7.30, а сего́дня …. в 6.30 (выходи́ть/вы́йти). 2. Обычно О́льга …. на рабо́ту в 9 часо́в, но сего́дня она́ …. на рабо́ту в 10 часо́в (приходи́ть/ прийти́). 3. Обы́чно мы …. на да́чу у́тром, но сего́дня мы …. днём (приезжа́ть/прие́хать). 4. Обы́чно на́ши ме́неджеры …. на собра́ние, но сего́дня они́ не …. (приходи́ть/прийти́). 5. Обы́чно они́ …. на парко́вку в 7.45,

а сегóдня они …. на паркóвку в 7.55 (въезжáть/въéхать)
6. Обы́чно я …. из гаражá пéрвый, но сегóдня моя́ жена ….
из гаражá пéрвая (выезжáть/вы́ехать). 7. Обы́чно мой брат с
женóй …. в гóсти лéтом, но в э́том годý они́ не ….
(приезжáть/приéхать). 8. Олéг Петрóвич уже́ …. из бáнка?
Нет, он сейчáс из негó …. (выходи́ть/вы́йти).

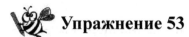

Упражнение 53

Complete the sentences using the verb in parentheses with the
correct prefix.

Образец: **1. Сегодня утром Ирина вышла из
дома в 7 часов.**

1. Сегóдня ýтром Ири́на …. (идти́) из дóма в 7 часóв.
2. Мы …. (идти́) в трамвáй и уви́дели кондýктора.
3. Николáй Николáевич …. (идти́) из дóма в 7.30, сел в
такси́ и …. (éхать) на вокзáл. 4. Маши́на вы́ехала с
паркóвки и …. (éхать) напрáво. 5. Води́тель ви́дел как
пассажи́ры …. (идти́) из автóбуса. 6. Мáльчик сел на
велосипéд и …. (éхать). 7. Откýда они́? Они́ …. (éхать) из
Фрáнции. 8. Олéг с Мари́ной …. (идти́) домóй, поýжинали
и нáчали смотрéть телеви́зор. 9. И́горь …. (идти́) из ли́фта
и …. (идти́) в свой óфис. 10. Сегóдня урóка не бýдет,
потомý что учи́тель не …. (идти́).

Упражнение 54

Translate into Russian.

1. Usually Nikolay goes to work by car, but today he used public
transportation. 2. When the trolley arrived, Olga boarded it and took off.

3. We were waiting for a bus for 10 minutes. 4. They got out of the subway and walked to the museum. 5. We walked into a small green park. 6. Motorcyclist drove into a parking lot. 7. We won't have class today, because the teacher did not show up. 8. We often come to the country house in the morning, but today we came in the afternoon. 9. Where are they from? 10. They are from France. 11. He came from Japan. 12. They came out of their boss's office and looked at each other. 13. Look (polite), our accountant is coming out of the bank.

Одиннадцатый урок

Я добегу до того места

Большáя собака: Как ты дýмаешь, скóлько мéтров отсю́да до тогó дéрева.

Мáленькая собáчка: Я дýмаю , что я добегý до тогó мéста за 5 минýт.

Большая собака: А я дýмаю, что я смогý это сдéлать

быстрее - я добегу до того дерева за две минуты! Я каждый день бегаю десять километров.

Маленькая собачка:	Раньше, когда мы жили рядом с парком, я тоже больше бегала, а сейчас я очень много езжу.
Большая собака:	А куда ты ездишь?
Маленькая собачка:	Ну я два раза в день езжу на лифте, в выходные мы с хозяином ездим на дачу, а в прошлую субботу мы ездили в деревню. У нас в деревне бабушка. Вот это был класс! Я там бегала за котом целый день.
Большая собака:	Я тоже люблю бегать за котами.

 Упражнение 55   T 86

Answer the questions, using information from the dialogue above.

1. За сколько минут добежит до дерева маленькая собачка? 2. Кто добежит до дерева быстрее? 3. Сколько километров в день бегает большая собака? 4. Где раньше жила маленькая собачка? 5. Кто много ездит сейчас? 6. Кто много бегает сейчас? 7. Куда ездит маленькая собачка в выходные? 8. С кем она ездит на дачу? 9. Куда ездила маленькая собачка в прошлую субботу? 10. За кем она бегала в деревне? 11. Кто ещё любит бегать за котами?

Бежать/бегать

	я	ты	он/она/оно	вы	они
бежа́ть	бегу́	бежишь	бежи́т	бежи́те	бегу́т
бе́гать	бе́гаю	бе́гаешь	бе́гает	бе́гаете	бе́гают

он	она	оно	они
бежа́л	бежа́ла	бежа́ло	бежа́ли
бе́гал	бе́гала	бе́гало	бе́гали

 Упражнение 56   T 88

a) Different people are running after each other. Create sentences as in the example.

Образец: 1. **Я бегу за вами.**

1. я (мужчи́на) ⟶ 2. вы ⟶ 3. она́ ⟶ 4. он ⟶

5. мы ⟶ 6. они́ ⟶ 7. Еле́на Бори́совна ⟶

8. Влади́мир ⟶ 9. Михаи́л Никола́евич ⟶

10. Людми́ла ⟶ 11. ты (де́вушка) ⟶ 12. брат ⟶

13. я (же́нщина) ⟶ 14. сын ⟶ 15. ба́бушка ⟶

16. де́душка ⟶ 17. внук ⟶ 18. ма́ма ⟶ 19. сестра́.

б) Different people were running after each other. Create sentences, as in the example.

Образец: 1. **Я бежал за вами.**

 Упражнение 57

Complete the sentences choosing the correct verb in parentheses. Add a prefix when needed.

Образец: **1. Каждое утро я бегаю в парке.**

1. Ка́ждое у́тро я .... (бежа́ть/бе́гать) в па́рке. 2. Соба́ка .... (бежа́ть/бе́гать) до де́рева, а пото́м побежа́ла обра́тно. 3. Оле́г Петро́вич .... (идти́/ходи́ть) из ба́нка и пошёл на остано́вку троллéйбуса. 4. Мы боя́лись опозда́ть, поэ́тому .... (е́хать/е́здить) из го́рода у́тром. 5. За ско́лько мину́т ты мо́жешь .... (бежа́ть/бе́гать) до того́ ме́ста? 6. На́ша соба́ка лю́бит .... (бежа́ть/бе́гать) за кота́ми. 7. Они́ япо́нцы? Да, они́ .... (е́хать/е́здить) из Токио. 8. Вы ча́сто .... (е́хать/е́здить) на обще́ственном тра́нспорте? 9. Они́ .... (идти/ходить) в кабине́т дире́ктора и посмотре́ли друг на дру́га.

От моего дома до моей работы

| | | T 89 |

Света: Ко́ля, ты живёшь далеко́ отсю́да?

Ко́ля: От моего́ до́ма до мое́й рабо́ты полчаса́ на маши́не, е́сли нет про́бок.

Света:	А если есть про́бки?
Коля:	А если есть про́бки, то полтора́ часа́.
Света:	А если на обще́ственном тра́нспорте?
Коля:	Ну, на обще́ственном тра́нспорте где-то час. И не на́до ду́мать о парко́вке.
Света:	Да, это пра́вда.
Коля:	А ты как е́здишь на рабо́ту?
Света:	В про́шлом году́, когда я то́лько купи́ла но́вую маши́ну, я всё вре́мя е́здила на рабо́ту на маши́не. Вожде́ние по го́роду это стресс, осо́бенно зимо́й. Сейча́с я е́зжу на рабо́ту на метро́. От моего́ до́ма до рабо́ты всего́ 15 мину́т на метро́. Я выхожу́ из до́ма в 8.30, и че́рез полчаса́ я на рабо́те. О́чень удо́бно. И, как ты сказа́л, не на́до ду́мать о парко́вке.

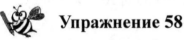 **Упражне́ние 58** | T 90 |

Answer the questions, using the dialogue above.

Образе́ц:

1. Если нет пробок, Коля едет на маши́не от своего́ дома до работы полчаса.

1. Ско́лько Ко́ля е́дет на маши́не от своего́ до́ма до рабо́ты, е́сли нет про́бок?   2. Ско́лько Ко́ля е́дет на маши́не от своего́ до́ма до рабо́ты, е́сли есть про́бки? 3. Ско́лько Ко́ля

е́дет на обще́ственном тра́нспорте от своего́ до́ма до рабо́ты? 4. Как Све́та е́здит на рабо́ту? 5. На чём Све́та е́здила на рабо́ту в про́шлом году́? 6. Когда́ Све́та купи́ла себе́ маши́ну? 7. Когда́ обы́чно Све́та выхо́дит из до́ма? 8. Сейча́с Све́те на́до ду́мать о парко́вке? 9. Почему́ Све́те не на́до ду́мать о парко́вке? 10. Ско́лько Све́та е́дет на метро́ от своего́ до́ма до рабо́ты?

Его/ей

он, оно		
мой дом		мо**его́** до́ма
тво**ё** кафе		тво**его́** кафе́
наш теа́тр		на**шего** теа́тра
ва́ше окно́	от	вашего окна
свой о́фис		сво**его́** о́фиса
его́, её, их банк		его́, её, их ба́нка

она		
мо**я́** ста́нция		мо**е́й** ста́нции
тво**я́** маши́на		тво**е́й** маши́ны
на́ш**а** ко́мната		на́ш**ей** ко́мнаты
ва́ш**а** парко́вка	до	ва́ш**ей** парко́вки
сво**я́** дере́вня		сво**е́й** дере́вни
его́, её, их рабо́та		его́, её, их рабо́ты

Упражнение 59

Write sentences using the information in the table.

Образец: **1. От моего дома до моей работы
40 минут на автобусе.**

от	до	сколько
1. мой дом	моя работа	40 минут на автобусе
2. наш дом	центр города	полчаса на метро
3. ваш дом	ваша дача	час на электричке
4. твой офис	это кафе	10 минут пешком
5. его общежитие	ботанический сад	5 минут на троллейбусе
6. их деревня	наш город	2 часа на поезде
7. наш университет	центральный стадион	15 минут на трамвае
8. оперный театр	станция метро	3 минуты пешком
9. ваша работа	ваш дом	25 минут на машине
10. твоя школа	Центральный парк	10 минут на метро

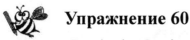 **Упражнение 60**

Translate into Russian.

1. How far (how many meters) is it from here to that building? 2. It is 200 meters from here to that building. 3. Every day I run one kilometer. 4. I (a man) used to run a lot, but nowadays I use transportation a lot. 5. Where did you (a girl, informal) go (by transportation) last week? 6. We have been to the village. 7. Who loves to chase cats? Dogs like to chase cats. 8. I am running after my sister. 9. My sister is running after me. 10. Oleg Petrovich came out of the bank and went to the bus stop. 11. Do you I (informal) live far from here? 12. From my house to my work is 40 minutes by car without traffic. 13. How do you (plural) go to work? 14. We go to work by public transportation.

Двенадцатый урок

Самый богатый человек в мире

T 91

В 2012 году американский журнал «Форбс» назвал мексиканского миллиардера Карлоса Слима Элу самым богатым человеком в мире. Газеты писали:

«Его состояние составляет 53.5 (пятьдесят три с половиной) миллиарда долларов.

Билл Гейтс, известный компьютерный магнат, который уже много лет держит пальму первенства, - на втором месте. Его состояние оценивается в 53 (пятьдесят три) миллиарда долларов. На третьем месте американский инвестор Уоррен Баффет, который имеет капитал в 47 (сорок семь) миллиардов долларов.

Родители Карлоса Слима – арабские эмигранты из Ливана. Когда Карлос ещё был подростком, он начал играть на бирже, и в 17 лет он уже имел свой первый миллион. Сегодня Слим - хозяин самой большой телефонной компаниии в Мексике. Ему принадлежат рестораны, торговые центры, пенсионные фонды и авиакомпании. Главный миллиардер планеты инвестирует в строительство и торговлю. В прошлом 2009 (две тысячи девятом) году он купил долю в компании «Нью Йорк Таймс».

Слима часто критикуют за то, что он сделал свои миллиарды в стране, где половина населения живёт меньше, чем на пять долларов в день. «Я не Санта Клаус, и благотворительность не решит проблему бедности», – сказал как-то миллиардер. Но, когда в 2007 (две тысячи седьмом) году умерла его любимая жена, он стал филантропом. Теперь каждый год он перечисляет миллионы долларов на программы в области образования и здравоохранения.

«Если я умру, то с собой не возьму ничего», – говорит Слим теперь.»

Был маленьким мальчиком

Когда́ Андре́й был ма́леньким ма́льчиком, он люби́л игра́ть со свое́й соба́кой.

ым/им

хоро́ший инжене́р	был хоро́шим инжене́ром	хо́чет быть хоро́шим инжене́ром	бу́дет хоро́шим инжене́ром
изве́стная актри́са	ста́ла изве́стной актри́сой	хо́чет стать изве́стной актри́сой	ста́нет изве́стной актри́сой
ва́жное де́ло	станови́лось ва́жным де́лом	стано́вится ва́жным де́лом	бу́дет станови́ться ва́жным де́лом

Упражнение 61

Complete the sentences by putting the words in parentheses into the correct form.

Образец: **1. Когда Мария была маленькой девочкой, она боялась темноты.**

1. Когда́ Мария (быть, ма́ленькая де́вочка), она боя́лась темноты́. 2. Когда Алекса́ндр (быть, ма́ленький ма́льчик), он люби́л игра́ть в компью́терные и́гры. 3. Когда Ива́н Серге́евич (быть, студе́нт Политехни́ческого институ́та), он занима́лся о́чень мно́го. 4. Когда Нина (быть, ма́ленький ребёнок), она о́чень смешно́ разгова́ривала. 5. Кода Максим (быть, подро́сток), он проколо́л себе́ бровь. 6. Когда Ива́н Алекса́ндрович (быть, наш ме́неджер), у нас ка́ждый понеде́льник бы́ли собра́ния. 7. Когда Мари́на (быть, твоя́ секрета́рша), она́ всегда́ приходи́ла на рабо́ту на 10 мину́т ра́ньше. 8. Когда он (быть, мой сосе́д), мы ча́сто разгова́ривали.

 Упражнение 62

T 94

Rephrase the sentences as in the example. Use the Instrumental case after the verb **стать**.

Образец: **1. Татья́на Васи́льева ста́ла изве́стной актри́сой.**
Татья́на Васи́льева ста́нет изве́стной актри́сой.

1. Татья́на Васи́льева – изве́стная актри́са. 2. Это о́чень ва́жное де́ло. 3. Ива́н – хоро́ший специали́ст. 4. «Ава́ль» – большо́й банк. 5. Это де́рево зелёное. 6. На́ша компа́ния

большáя. 7. Эта музыка óчень популя́рная. 8. Мой брат – филантрóп. 9. Это винó ки́слое. 10. Мóя рабóта интерéсная.

Самый

Это мáленькая собáка.   Эта собáка бóльше.

Это сáмая большáя собáка.

 Упражнение 63

Create pairs of sentences following the example. Consult the dictionary for antonyms when necessary.

Образец: **1. Погода весной теплее, чем зимой, но погода ле́том теплее, чем весной. Погода летом самая тёплая.**

1. Погóда зимóй холоднéе, чем веснóй, но погода весной холоднее чем лéтом. 2. Здáние óперного теáтра ни́же, чем

здание Национа́льного ба́нка, но здание Национального банка ниже, чем здание университе́та. 3. Упражне́ние 12 трудне́е, чем упражнение 11, но упражнение 13 труднее, чем упражнение 12. 4. «Мерседе́с» доро́же чем «Тойо́та», но «Тойота» дороже, чем «Хюнда́й». 5. Ди́ма мла́дше чем Та́ня, но Таня младше, чем Ва́ня. 6. Часы́ доро́же чем ва́за, но ваза дороже, чем цветы́. 7. Кот ме́ньше чем соба́ка, но собака меньше, чем зе́бра. 8. Погода ле́том тепле́е чем о́сенью, но погода о́сенью теплее, чем зимо́й. 9. Жизнь в дере́вне деше́вле, чем жизнь в ма́леньком го́роде, но жизнь в маленьком городе дешевле, чем жизнь в столи́це.

Мать, дочь

– Ви́ктор, вы поговори́ли с ма́терью или с до́черью?

– Я снача́ла поговори́л с ма́терью, а пото́м с до́черью.

 Упражнение 64

Put the words in parentheses into the correct form. Consult the table in the corresponding grammar section when necessary.

Образец: **1. Вы видели мою дочь?**

1. Вы ви́дели мою́ (дочь)? 2. Игорь звони́т (мать) ка́ждую неде́лю. 3. В ко́мнате нет (мать). 4. Сын стои́т ря́дом с (мать). 5. Маша гуля́ет во дворе́ со свое́й (дочь). 6. Мы хоти́м поговори́ть о ва́шей (мать). 7. Он очень лю́бит свою́ (мать). 8. Я не бу́ду разговаривать с ва́ми без ва́шей (дочь). 9. Кто это там сиди́т за твое́й (дочь)? 10. Они ду́мают о свое́й (мать). 11. Моя (мать) – мой са́мый дорого́й челове́к.

12. Папа купи́л маши́ну (дочь). 13. Где на́ша (дочь)?

Где-то недалеко

T 95

– Извини́те, скажи́те пожа́луйста, здесь есть где-то недалеко́ цвето́чный магази́н?

– Цвето́чный магази́н? Нет, здесь нет цвето́чного магази́на, но вот ви́дите, универса́м? В нём, на пе́рвом этаже́ есть цвето́чный отде́л.

– Спасибо.

– Пожалуйста.

 Упражнение 65

T 97

Rephrase the sentences by replacing words in bold with the words **как-то, где-то, кто-то, что-то**. Don't forget to change the verb form, when you change the plural subject to singular.

Образец: **1. Я это уже видел где-то.**

1. Я это уже́ ви́дел **в кино́**. 2. **Вот здесь** справа до́лжен быть вы́ход. 3. **В про́шлом году́** мы пое́хали в Санкт-Петербу́рг посмотре́ть достопримеча́тельности. 4. Ты ви́дишь: **на́ши сосе́ди** стоя́т на балко́не. 5. Мы слы́шали эту му́зыку **по ра́дио**. 6. **Вчера́** мой брат сказа́л, что он

хо́чет посмотре́ть мир. 7. На столе́ лежа́ли **мои́ ключи́**.
8. Ива́н написа́л **два письма́**. 9. **В про́шлом году́** он купи́л
до́лю в компа́нии Нью Йорк Таймс. 10. У́тром вам звони́ли
ва́ши друзья́. 11. **Де́ти** разгова́ривали с ма́мой. 12. В ва́зе
бы́ли **фру́кты**. 13. По доро́ге е́хали **маши́ны**.

 Упражне́ние 66

Translate into Russian.

1. The American magazine *Forbes* named Carlos Slim Helu as the richest
man in the world. 2. Who takes the second place? 3. "I am not Santa
Clause, and charity will not solve the poverty problem," said the billionaire
once. 4. Last week our company bought shares of New York Times.
5. Sasha is the tallest guy in the class. 6. When Ivan was our manager, we
had meetings every Monday. 7. When my sister was a student at Polytechnic
University, she studied a lot. 8. He did not talk to the mother, he talked to
the daughter. 9. Something was lying on the table. 10. One time we went to
Saint Petersburg for sightseeing. 11. Look (informal): somebody is standing
on the balcony. 12. There must be an exit somewhere here on the right.

Тринадцатый урок

Медицина

Ра́ньше, в бы́вшем Сове́тском Сою́зе, медици́на была́ беспла́тной, и лю́ди к э́тому привы́кли. Любо́й челове́к мог беспла́тно вы́звать врача́ на дом, е́сли у него́ бы́ли определённые симпто́мы: высо́кая температу́ра, бо́ли в се́рдце, тра́вма и т.д. Эта привиле́гия существу́ет и сейча́с.

Она ка́жется есте́ственной ка́ждому ру́сскому челове́ку. Ну́жно то́лько знать но́мер ва́шей поликли́ники и име́ть страхово́й по́лис, кото́рый вы получа́ете беспла́тно по ме́сту пропи́ски.

Если вам нужна́ сро́чная по́мощь, и вы в э́тот моме́нт нахо́дитесь далеко́ от до́ма, то вы мо́жете вы́звать ско́рую по́мощь. Это то́же абсолю́тно беспла́тно.

В Росси́и та́кже существу́ет пла́тное медици́нское обслу́живание. И об э́том всё вре́мя говоря́т россия́не. Не́которые медици́нские экспе́рты счита́ют, что цель беспла́тной медици́ны - де́лать люде́й здоро́выми, а пла́тной – получа́ть при́быль. Други́е, напро́тив, вспомина́ют наро́дную му́дрость: «Беспла́тный сыр - то́лько в мышело́вке».

В любо́м слу́чае, в Росси́и существу́ет и пла́тное и беспла́тное медици́нское обслу́живание, и ка́ждый выбира́ет сам то, что ему́ бо́льше нра́вится.

Диало́г   T 101

Рабо́тник регистрату́ры: Регистрату́ра.

Ма́ма: До́брый день! У меня́ ребёнок заболе́л. Мне ну́жно вы́звать врача́ на дом.

Рабо́тник регистрату́ры: Одну́ мину́ту.

Рабо́тник регистрату́ры перево́дит звоно́к.

Медсестра́ :   Вы́зов врача́ на дом.

Мама:	Здра́вствуйте. У меня́ заболе́л ребёнок.
Медсестра :	Что с ним?
Мама:	У него́ температу́ра и боли́т го́рло.
Медсестра :	Кака́я у него́ температу́ра?
Мама:	38.9 (три́дцать во́семь и де́вять).
Медсестра :	Фами́лия, и́мя о́тчество ребёнка.
Мама:	Миха́йлов Дми́трий Макси́мович.
Медсестра :	Ско́лько лет ва́шему ребёнку?
Мама:	10.
Медсестра :	Ваш а́дрес.
Мама:	У́лица Шко́льная 5, кв.5.
Медсестра :	Кто ваш участко́вый врач?
Мама:	О́сипова.
Медсестра :	Хорошо, жди́те, врач будет сего́дня в пе́рвой половине дня.

Кому?

Кто?	большо́й нача́льник	Кому?	большо́му нача́льнику
	мой папа		моему́ па́пе
	дорога́я ба́бушка		дорого́й ба́бушке
	ва́ша сестра́		ва́шей сестре́

Сколько лет?

— Ско́лько лет э́тому молодо́му челове́ку?

— Э́тому молодо́му челове́ку 21 год.

— Ско́лько лет э́той ма́ленькой де́вочке?

— Э́той ма́ленькой де́вочке 7 лет.

1 **год**

2, 3, 4 **го́да**

5, 6, ... мно́го **лет**

 Упражнение 67 | T 106 |

Create sentences, as in the example.

Образец: **1. Моей маме 43 года.**

1. Моя́ мама (43).   2. Мой ста́рший брат (35)   3. На́ша люби́мая ба́бушка (78).   4. Ваш де́душка (81).   5. Твоя́ мла́дшая сестра́ (4).   6. Их ма́ленькая соба́чка (1).   7. То стари́нное зда́ние (250).   8. Этот го́род (1000).   9. Наш замеча́тельный прое́кт (2).

111

Нравиться

Мое́й сестре́ нра́вится её но́вое пла́тье.

 Упражне́ние 68

а) Create sentences with the verb **нравиться**, following the example.

Образец: **1. Мне нравится Марина.**

1. я, Мари́на; 2. ты, францу́зские фи́льмы; 3. они́, вани́льное моро́женое; 4. он, она́; 5. она́, я (мужчи́на); 6. мы, испа́нская му́зыка; 7. вы, неме́цкие маши́ны; 8. э́тот молодо́й челове́к, э́та де́вушка; 9. э́та де́вушка; э́тот молодо́й челове́к; 10. ты, футбо́л; 11. тот мужчи́на, та же́нщина; 12. та же́нщина, тот мужчи́на.

б) Rewrite the sentences in the Past Tense, as in the example.

Образец: **1. Мне нравилась Марина.**

 Упражне́ние 69

Complete the sentences. Choose the correct verb: **болеть** or **болит**.

Образец: **1. У моего ребёнка болит горло.**

1. У моего́ ребёнка …. го́рло.   2. Са́ша уже́ …. втору́ю неде́лю.   3. У меня́ …. голова́.   4. У на́шего де́душки …. спина́, поэ́тому он пошёл к врачу́.   5. Ма́ма вы́звала врача́ на дом, потому́ что у моего́ ма́ленького бра́та …. живо́т. 6. Ви́ктор не хо́дит на рабо́ту 3 дня, потому́ что он …. 7. Мой брат – спортсме́н. Он о́чень ре́дко …. .   8. Что у тебя́ …. ? У меня́ …. глаза́.   9. У на́шей до́чки …. у́ши.   10. Мы с сестро́й не хо́дим в шко́лу, потому́ что мы …. .

 Упражне́ние 70 | T107 |

Rewrite the sentences with the verb **нра́виться**, as in the example.

Образе́ц: **1. Я нравлю́сь И́горю.**

1. И́горь меня́ лю́бит.   2. Моя́ мла́дшая сестра́ лю́бит фру́кты.   3. Твоя́ ма́ма не лю́бит гро́мкую му́зыку.   4. Наш учи́тель лю́бит ру́сскую литерату́ру.   5. Я люблю́ ва́шего па́пу.   6. Мы зна́ем, что ты лю́бишь этот рестора́н. 7. Ви́ктор лю́бит кра́сное вино́.   8. На́ша ба́бушка лю́бит цветы́.   9. Я не люблю́, когда́ ты меня́ешь пла́ны в после́дний моме́нт.   10. Ваш нача́льник лю́бит гольф. 11. Наш кот не лю́бит твою́ соба́ку.   12. Ва́ша сестра́ лю́бит та́нго? 13. Их ма́ленький ребёнок лю́бит на́шу ко́шку.

 Упражне́ние 71 | T 108 |

Ask questions about the words in bold.

Образе́ц: **1. Како́й была́ медици́на в бы́вшем Сове́тском Сою́зе?**

1. В бы́вшем Сове́тском Сою́зе медици́на была́ **беспла́тной**.

2. Моему́ де́душке **81 год**. 3. **Твое́й ста́ршей сестре́** 22 го́да. 4. **Моя́** фами́лия Ива́нова. 5. У ва́шего ребёнка температу́ра **38**. 6. Беспла́тный сыр - то́лько **в мышело́вке.** 7. Нам нра́вятся **япо́нские** маши́ны. 8. Э́тому молодо́му челове́ку нра́вится **та** де́вушка. 9. Де́ти лю́бят **своего́ па́пу**. 10. У моего́ ма́ленького бра́та боли́т **го́рло**. 11. Наш кот не лю́бит **ва́шу соба́ку**.

Привыкать/привыкнуть

T 109

- К чему́ привы́к Игорь?

- Игорь привы́к к своей но́вой маши́не.

Он ка́ждый день е́здит на ней на рабо́ту.

 Упражнение 72

Different people got used to different things. Create sentences, using the words in parentheses and the verb **привыкнуть**.

Образец: **1. Программисты быстро привыкли к новой системе.**

1. Программи́сты бы́стро …. (но́вая систе́ма). 2. Когда́ Ви́ктор жил в Ме́ксике, он …. (жа́ркий кли́мат). 3. Рабо́тники …. (но́вый нача́льник). 4. Ни́на ещё не ….

(своя́ но́вая фами́лия). 5. Мы …. (это). 6. Ири́на …. (жизнь в большо́м го́роде). 7. Пило́т …. (тако́й шум). 8. Студе́нты уже́ …. (но́вое расписа́ние).

 Упражнение 73

Translate into Russian.

1. Health Care in the former Soviet Union was free. 2. You (polite) can make a house call for a doctor if you have certain symptoms. 3. Free cheese is only in the mouse trap. 4. My father is 45 years old. 5. Our little son is 2 years old. 5. My sister likes her new dress. 6. You (informal) like loud music. 7. Our grandma likes flowers. 8. That guy (young man) likes that girl. 9. This girl likes this guy. 10. I don't like it when you change your plans at the last minute. 11. Your (polite) child has a temperature of 38.9. 12. My son has a headache and a sore throat. 13. Our daughter has an earache. 14. The pilot got used to such noise. 15. My grandma did not get used to life in the city. 15. People got used to it.

Test Yourself 4

Translate into Russian

1. Yesterday Nikolay got stuck in traffic for an hour, and therefore he was late for an important meeting.

2. I decided to take public transportation today.

3. Usually Olga comes to work at 9:00 AM, but today she came at 10:00 AM.

4. This morning Irina got out of the house at 7AM.

5. The car drove out of the garage and turned left.

6. Every morning I run in the park.

7. Do you (polite) go to work by car or by public transportation?

8. Do you (informal) live far from here? No, it is 20 minutes by metro from my home to my work.

9. Last Saturday we went to the village. (Went there and came back.)

10. She became a famous actress.

11. Life in a small city is cheaper than in the capital.

12. This is the tallest building in the world.

13. When he was my neighbor we talked a lot.

14. Victor did not talk to the mother, but he talked to the daughter.

15. I saw that somebody came into the room.

16. Something was lying on the table.

17. There must be an exit somewhere here.

18. My older brother is 22-year-old.

19. I like Japanese cars.

20. Our teacher likes Russian literature.

21. Irina got used to life in the big city.

22. My little brother has a stomachache.

Грамматика

Урок 1

В общежитии = *In the dormitory.*

Добрый день. Меня зовут Максим. = *Good afternoon. My name is Maxim.*

Я живу в Санкт-Петербурге. Я студент. = *I live in Saint Petersburg. I am a student.*

Я учусь в Санкт-Петербургском Государственном университете на экономическом факультете. = *I am studying at the Saint Petersburg University majoring in Economics.*

Я живу в студенческом общежитии. = *I live in the student dormitory.*

У нас в общежитии на каждом этаже 14 комнат, две кухни, два туалета и большая рабочая комната, где всегда тихо и можно заниматься. = *Our dorm has 14 rooms on each floor, two kitchens, two restrooms and a big workroom, where it is always quiet and you can study.*

Мы живём на третьем этаже. = *We live on the third floor.*

Со мной в комнате также живут два парня: Сергей и Андрей. = *There are two other guys that live with me in the room: Andrey and Sergey.*

Мы хорошие друзья. = *We are good friends.*

Мы готовим по очереди, потому что обедать в кафе дорого. = *We take turns cooking, because dining in a cafeteria is expensive.*

Сегодня моя очередь готовить. = *Today is my turn to cook.*

Но сначала надо купить продукты. = *But first we have to buy some groceries (food.)*

Сейчас мы с *Сергеем* идём в магазин. = *Now Sergey and I are going to a grocery store.*

Серёга, давай решим, что нам надо купить. = *Seryoga (casual way to say Sergey), let's decide what we need to buy.*

Картошка у нас есть? = *Do we have any potatoes?*

Нет, картошки нет. = *No, we don't have any potatoes.*

Так, значит надо купить картошку. = *So, we have to buy some potatoes.*

Картошку вкусно жарить на подсолнечном масле. = *It's tasty to fry potatoes in sunflower oil.*

Подсолнечное масло есть? = *Do we have any sunflower oil?*

Подсолнечное масло есть. = *Yes, we have some sunflower oil.*

Чай есть? = *Do we have any tea?*

Чая нет. = *We don't have any tea.*

Так, пишу: купить чай. = *So, I am writing down: 'buy some tea.'*

Сахар есть? = *Do we have any sugar?*

Сахара нет. = *There is no sugar.*

Так, купить сахар. = *So: 'buy some sugar.'*

А соль у нас есть? = *Do we have any salt?*

Да, соль есть. = *Yes, we have some salt.*

Макс, у нас нет колбасы. = *Max, we don't have any sausage.*

Колбаса дорогая. = *Sausage is expensive.*

У нас есть консервы. = *We have some canned food.*

Кстати, какие консервы у нас есть? = *By the way, what kind of canned food do we have?*

У нас есть одна банка кильки в томате. = *We have one can of*

119

sprats in tomato sauce.

Килька в томате — это очень хорошо, но одна банка — это мало. = *Sprats in tomato sauce sounds good, but one can is not enough.*

Надо купить ещё две. = *We should buy two more.*

Макс, надо купить что-нибудь к чаю. = *Max, we should buy something for tea.*

Да, к чаю можно купить печенье. = *Yes, we can buy some cookies for the tea.*

Надо купить два батона и варенье. = *We should buy two baguettes and some jam.*

Отлично! Всё пора *идти* в магазин, потому что у меня уже слюнки текут. = *Perfect! That's it! It's time to go to the store, because my mouth is watering.* (Literally: saliva is running.)

Да, пора. Я тоже голодный. = *Yes, it's time. I am also hungry.*

Света разговаривает на украинском. = *Sveta speaks Ukrainian.*

Она учится в последнем двенадцатом классе. = *She is in 12th Grade.* (Literally: She is in the last, 12th Grade).

Света хочет поступить в университет на филологический факультет. = *She wants to apply to the university to study Philology.*

Света хорошо говорит по-английски. = *Sveta speaks English well.*

Сейчас она изучает испанский. = *She is studying Spanish now.*

Она ходит на курсы при университете. = *She is taking courses at the University.*

Ещё Света говорит по-украински. = *Sveta also speaks Ukrainian.*

Её бабушка живёт в деревне на Украине, и Света всегда разговаривает с ней на украинском языке. = *Her grandma lives in the village, and Sveta always speaks Ukrainian with her.*

Обычно я хожу в бассейн со Светой. = *Usually I go to the swimming pool with Sveta.*

Сегодня я иду в бассейн одна. = *Today I am going to the swimming pool alone.*

Prepositional Case

In the second book *Russian Step By Step, Beginner Level 1,* you learned about the Prepositional case. It's time to broaden your knowledge about this case.

Questions for the Prepositional case:

Где? = Where? (Meaning a location)

На ком? = On whom?

На чём? = On what?

О ком? = About whom?

О чём? = About what?

При ком? = At whom? In the presence of whom?

При чём? = At what? In the area of what?

The Prepositional case is used **only** with prepositions:

в = in/at   **на** = on/at   **при** = on/at/with   **о/об** = about

The noun with the preposition **в, на** and **при** describes a location.

> ➢ The preposition **в** usually indicates that somebody or something is inside an enclosed space: в музее, в театре, в ресторане, etc.

Павел работает в банке. = *Pavel works at the bank.*

> ➢ The preposition **на** usually indicates that somebody or something is

on top of a surface (на столе, на полу) or at some place that you cannot define as an enclosed space (на концерте, на лекции, на перерыве).

Ольга сейчас на концерте. = *Olga is at the concert right now.*

➤ The preposition **при** literally means in the area of.

При школе есть бассейн. = *There is a swimming pool at school.* (Meaning that school offers extra-curricular activities)

При учителе дети сидят тихо и слушают. = *In the presence of the teacher the children usually sit quietly and listen.*

При вас есть паспорт? = *Do you have your passport with you?*

➤ The preposition **о/об** is very similar to the English preposition about.

О каком проекте говорит директор? = *What project is the director talking about?*

Мы сейчас говорим об Иване Ивановиче и его большом проекте. = *We are now talking about Ivan Ivanovich and his big project.*

Recommendation: Learning how to use prepositions correctly is not an easy task in any language. For example, in English they say: in the morning, on Sunday morning, at night. So, go step by step, learning each expression with a preposition as a whole.

Prepositional Masculine and Neuter Adjectives

As you already know, a Russian adjective agrees with the noun it describes. If a noun takes on the Prepositional, so does the adjective. In this lesson we will learn the Prepositional endings of masculine and neuter adjectives.

Masculine and Neuter Adjectives in the Prepositional

Nominative		Prepositional **-ом/ем**
	большой стол	на больш**ом** столе
	хороший директор	при хорош**ем** директоре
	красное солнце	о красн**ом** солнце
	синее море	в син**ем** море

As you see from the table, the endings for masculine and neuter adjectives are **ом/ем**.

ом – for the hard ending and

ем – for the soft one. (More about pairs of vowels (hard and soft) in *Russian Step by Step, Beginner Level 1.*)

Prepositional Masculine and Neuter Demonstrative Pronouns

Demonstrative pronoun (check the website about it) describes the noun. Therefore, it is always in agreement with the noun. So, in Prepositional, when it describes a masculine or a neuter noun, it takes on the '**ом**' ending.

Masculine and Neuter Demonstrative Pronouns in Prepositional

Nominative		Prepositional **-ом/ем**
	этот стул	на эт**ом** стуле
	тот человек	о т**ом** человеке

Надо

The Russian word **надо** is an adverb. It can be translated into English as: it is necessary to, have to, should, must.

A good thing about adverbs is that they don't decline – they are always the same.

One thing you have to pay attention to is that you can use the word **надо** without a pronoun.

> Надо купить чай. = *We should buy tea.* (Literally: necessary to buy tea, even though it's not necessary, we just should buy it.)

In other words, the word **надо** is often translated as 'should' or 'have to', but the grammatical usage of it is similar to 'it is necessary to'.

Indirect Speech

We use indirect speech when we retell a story. Indirect speech is very often accompanied by the words 'say' or 'tell'.

> **Что** говорит Игорь? = ***What** is Igor saying?*

> Игорь говорит, **что** надо купить вино, потому что у нас нет вина. = *Igor is saying **that** we have to buy some wine, because we don't have any wine.*

Notice that in the first sentence the word **что** is translated as '**what**', and in the second sentence it is translated as '**that**'.

Один

You already know the Russian word **один** in the meaning of 'one.'

But in Russian it has also another use.

Я сейчас сижу дома одна. = *At the moment I am sitting at home alone.*

Мой дедушка живёт один, потому что моя бабушка умерла два года назад. = *My grandpa lives alone, because my grandma passed away two years ago.*

As you see, the word **один** agrees with a noun it describes in gender, as it always does.

Урок 2

Парень в клетчатой рубашке = *A guy in a checkered shirt.*

Светлана живёт в большом многоэтажном доме на Садовой улице. = *Svetlana lives in a multistory building on Sadovaya street.*

Её подруга, Юля, живёт в соседнем подъезде. = *Her girlfriend, Yuliya, lives in the next doorway section.*

У них в доме шесть подъездов. = *They have 6 sections in their apartment building.*

Света живёт во втором подъезде, а Юля в первом. = *Sveta lives in the apartment building doorway number 1 and Yulya in the doorway number 2.*

Их школа находится на соседней Инженерной улице, поэтому Света и Юля ходят в школу пешком. = *Their school is located on the neighboring Engineer street, so Sveta and Yulya walk* (go by foot) *to school.*

Иногда Света звонит Юле, иногда Юля звонит Свете. = *Sometimes Sveta calls Yulya, sometimes Yulya calls Sveta.*

Потом они встречаются около подъезда и идут вместе в школу. = *Then they meet at the doorway and go to school together.*

Света с Юлей учатся в специализированной английской школе номер 235. = *Sveta and Yulya study at school number 235, which specializes in English.*

Их уроки начинаются в 8:30. = *Their classes start at 8.30 AM.*

Дети учатся пять дней в неделю. = *Children go to school 5 days a week.*

Каждый день у них разное расписание. = *Every day they have a different schedule.*

В понедельник, среду и пятницу у них пять уроков, а во вторник и в четверг шесть. = *On Monday, Wednesday and Friday they have 5 classes, and on Tuesday and Thursday 6.*

На шестом уроке у них физкультура. = *The sixth period is Physical Education.*

Привет, Света. Сколько ты вчера сочинение писала? = *Hi, Sveta. For how long were you writing your essay yesterday?*

Я потратила 3 часа. Ужас! = *I spent 3 hours. It's Terrible!*

И не говори. Жизни нет! = *Don't mention it. I have no life!*

Я тоже вчера 2 часа писала сочинение, 2 часа делала математику, час биологию, час физику и два часа зубрила английский! = *I was also writing my essay for 2 hours, doing Math for 2 hours, biology for an hour, physics for an hour and was cramming for a test for 2 hours!*

Ой, смотри, кто это? Это Макс? = *Oh, look, who is that? Is it Max?* Где? = *Where?*

Вон там, видишь, парень в клетчатой рубашке? = *Over there, do you see that guy in a checkered shirt?*

Да, это Макс, точно Макс. = *Yes, it's Max, sure, it's Max.*

Только у него волосы синие. Класс! = *But he has blue hair. Cool!*

Он на прошлой неделе он себе бровь проколол. = *He pierced his eyebrow last week.*

Его друг Сашка Иванов тоже проколол себе бровь. = *His friend Sashka Ivanov also pierced his eyebrow.*

Да, я видела, у Макса на правой брови серьга, а у Сашки на левой. = *Yes, I saw Max has a piercing on the right eyebrow, and Sashka on his left one.*

А мне отец сказал: проколешь себе что-нибудь – домой не приходи. = *And my father said: You pierce something - don't come home!*

Ну где справедливость? = *And where is the fairness?*

И не говори. = Don't even mention it.

Prepositional Feminine Adjectives

Feminine adjective takes on the **ой** or **ей** ending in the Prepositional.

Feminine Adjectives in Prepositional

		-ой/ей
	большая компания	о больш**ой** компании
	синяя машина	в син**ей** машине
	Красная площадь	на Красн**ой** площади

As you might notice from the table, the noun **площадь** has **и** ending in the Prepositional. This is because it ends in a soft sign.

So, feminine nouns that end in a soft sign take **и** ending in the Prepositional.

дверь ⟶ на двери (on the door)

тень ⟶ в тени (in the shadow)

Кремль находится на Красной площади в Москве. = *Kremlin is located on the Red Square in Moscow.*

Pronoun 'который'

The pronoun **который** agrees with the noun, which it replaces, in gender, number, and case. It declines like an adjective.

Let's take a look at the sentences bellow.

> Это мой дом. Я живу **в нём**.   **в нём** = in it (Prepositional)
> *This is my house. I live in it.*

> Это дом, **в котором** я живу.   **в котором** = in which
> *This is the house where I live.*

> (Literally: This is the house in which I live)

The pronoun **в котором** replaces the pronoun **в нём** that stands for the noun **дом** (masculine, singular). The Pronoun **в нём** is in the Prepositional, so **в котором** has to be in the Prepositional too.

Reflexive Personal Pronoun 'себя'

The Reflexive Personal pronoun **себя** indicates that the action is directed towards the subject. Therefore, it does not have the Nominative form (it is never a subject). It is translated into English as oneself, herself, himself, etc.

> Макс проколол **себе** бровь. = *Max pierced his eyebrow.*
> (Literally: Max pierced (to) **himself** eyebrow – Dative)

> Я смотрю на **себя** в зеркало. = *I am looking at **myself** in the mirror.* (Accusative of Direction)

> Они купили **себе** новую машину = *They bought a new car* (for **themselves**).

Reflexive Personal Pronoun 'себя'

я, ты, он, она, оно, мы, вы, они						
Case	Nom.	Gen.	Acc.	Dat.	Inst.	Prep.
	-	себя	себя	себе	собой	себе

As you noticed the pronoun **себя** changes only for the case (Gen., Acc., etc), but not for the person (я, ты, они, etc.)

Урок 3

Кто такие полиглоты? = *What are polyglots?*

Полиглоты - это люди, которые знают много языков. = *Polyglots are people who know many languages.*

Много - это сколько? = *How many is many?*

Ну, по крайней мере, пять. = *At least five.*

Полиглот говорит, что он знает язык, если он говорит на нём свободно. = *A polyglot says that he knows a language if he speaks it fluently.*

В мире много полиглотов? = *Are there many polyglots in the world?*

Да, достаточно много. = *Yes, quite a few.*

Легенда гласит, что Будда знал 105 языков, а пророк Магомет знал все языки мира. = *Legend says that Buddha knew 105 languages and Prophet Mohammad knew all the languages of the world.*

Книга рекордов Гиннеса утверждает, что итальянский кардинал Джузеппе Меццофанти, который жил в прошлом веке в Ватикане, знал шестьдесят языков. = *The Guinness Book of World Records claims that Italian Cardinal Giuseppe Mezzofanti, who lived in the last century, knew 60 languages.*

А в наше время есть полиглоты? = *Are there any polyglots nowadays?*

Да, конечно есть. = *Yes, of course, there are.*

Вот например, в Москве живёт врач-вирусолог Вилли Мельников. = *For example, in Moscow there lives a virologist, Willy Melnikov.*

Вилли – номинант Книги рекордов Гиннеса. = *Willy is a nominee of the Guinness Book of World Records.*

Он знает 103 языка. = *He knows 103 languages.*

Это удивительно, но Вилли ещё пишет стихи, рисует и читает лекции. = *It's amazing, but Willy also writes poetry, paints and gives lectures.*

Учёные не могут объяснить феномен Вилли. = *Scientists cannot explain the Willy's phenomenon.*

Что же нужно делать, чтобы быстро выучить язык? = *What is it necessary to do to learn a language quickly?*

Будапеште жила венгерская писательница и переводчица Като Ломб, которая свободно говорила на русском, английском, немецком, испанском, итальянском, французском, польском, китайском и японском. = *In Budapest there used to live a Hungarian writer and interpreter, Kato Lomb, who fluently spoke Russian, English, German, Spanish, Italian, French, Polish, Chinese, and Japanese.*

Интересно, что она выучила эти языки уже в зрелом возрасте. = *It is interesting that she had learned those languages at a mature age.*

Като говорила, что, если вы хотите выучить язык в короткий срок, нужно: заниматься каждый день, всегда учить фразы в контексте, учить только правильные фразы и не сдаваться, если что-то не получается. = *Kato used to say that, if you want to learn a language within a short amount of time, you should: study every day, learn phrases only in the context, and don't give up, if something goes wrong.*

Я сейчас делаю математику. = *At the moment I am doing Math.*

А ты уже все уроки сделала? = *Have you already done all your homework?*

Да, я сочинение ещё в пятницу вечером написала, а всё остальное в субботу утром. = *Yes, I already finished my essay on Friday evening, and the rest on Saturday morning.*

Я сочинение тоже написала, слава Богу! = *I finished my essay too, thank God!*

Я его в пятницу начала писать, а закончила в субботу. = *I started to write it on Friday and finished on Saturday.*

Это хорошо, что ты сочинение написала. = *It's good that you have written your essay.*

Я его писала 4 часа с перерывами. = *I was writing it for 4 hours with breaks.*

Ну, ладно, занимайся. Пока! = *OK! Keep studying. Bye!*

Pronoun 'сам'

The pronoun **сам** indicates that the action is performed by an agent without any help.

Где вы стрижёте пуделя? = *Where do you groom the poodle?*

Я стригу его **сама**. = *I groom it myself. (female)*

Мы **сами** выращиваем помидоры. = *We grow our own tomatoes. (plural)*

Pronoun 'сам'

он	она	оно	они
сам	сама́	само́	са́ми

As you see from the table the pronoun 'сам' agrees in gender and number with the agent.

Don't confuse the pronoun **сам** with the reflexive pronoun **себя**, even though very often both of them are translated into English as oneself.

> Миша купил **себе** машину **сам**? = *Did Misha buy his car with his own money?* (Literally: Did he buy to **himself** a car on **his own**?)
>
> Нет, ему родители дали деньги. = *No, his parents gave him money.*
>
> Он **сам себе** хозяин. = *He is his own boss.*

Verbal Aspect

You already know three basic tenses in Russian: Present, Past and Future. Besides the category of tense, Russian verbs have an Aspect: Imperfective and Perfective.

Imperfective Aspect - incomplete, repeated or ongoing action.

Perfective Aspect - the action has been completed successfully.

Let us have a look at the following examples.

читать/прочитать

> Мой брат много **читает** (Imp.). = *My brother reads a lot.* (repeated action)
>
> Я **прочитал** (Perf.) этот роман. = *I have read this novel.* (I read the novel from the beginning to the end. - completed action.)

делать /сделать

> Саша, что ты сейчас **делаешь** (Imp.)? = *Sasha, what are you doing now?* (ongoing action)

> Я обещаю, что **сделаю** (Perf.) математику завтра. = I promise I will do (all tasks) math tomorrow.

A lot of times the Perfective form is created by adding a prefix to the Imperfective verb.

Usually Russian verbs in the dictionary are given in pairs: Imperfective and Perfective. On the http://.russianstepbystep.com/index/ website you will find the most common verbs together with examples of their use.

Verbal Aspect

Imperfective	Perfective
обéдать	пообéдать
учи́ть	вы́учить
есть	съесть

As the Imperfective verb denotes repetitive or ongoing action, it has Past, Present and Future forms.

As the Perfective verb denotes completed action, it does not have the Present form. It has only Past and Future forms.

Урок 4

На таможне = *Security check (*Literally: At the customs)

Джон Смит – бизнесмен. = *John Smith is a businessman.*

Его деловые партнеры находятся в Москве. = *His business partners are located in Moscow.*

Они пригласили Джона в гости. = *They invited him over on a business trip.*

Джон давно мечтал посетить Москву и посмотреть её достопримечательности. = *John has dreamed about visiting Moscow for a long time.*

Сейчас Джон находится в московском аэропорту Шереметьево-2. =*Right now John is at Moscow airport Sheremetyevo-2.*

Он должен пройти паспортный контроль и досмотр багажа. = *He must pass through emigration and clear customs* (Literally: He must go through passport control and inspection of baggage).

Таможенную декларацию Джон заполнил ещё в самолёте. = *John already filled out the customs form on the plane.*

У него в правой руке чемодан, а в левой - дорожная сумка. = *He has a suitcase in his right hand and a travel bag in his left.*

На левом плече у него сумка с компьютером. = *There is a laptop bag on his left shoulder.*

Ваш паспорт, пожалуйста. = *Your passport, please.*

Вот, пожалуйста. = *Here, you are.*

Господин Смит, откуда вы летите? = *Mr. Smith, where are you coming from?* (Literally: From where you flying?)

Я лечу из Сан Франциско. = *I am coming from San Francisco.*

Какая цель визита? = *What is the purpose of the trip?*

Бизнес. = *Business.*

Вы в первый раз в Москве? = *Are you in Moscow for the first time?*

Так, посмотрим. = *Let's see.*

Вы задекларировали ваш персональный компьютер и фотоаппарат. = *You have declared your laptop* (Literally: personal computer) *and camera.*

Что в вашем чемодане? = *What do you have in your suitcase?*

Личные вещи. = *Personal belongings.*

Наркотики везёте? = *Are you carrying any drugs?*

Нет. Наркотиков нет. = *No, I don't have any drugs.*

Лекарства, продукты? = *Any medicine, food?*

Нет, лекарств нет и продуктов тоже нет. = *No, no medicine and no food.*

Валюту везёте? = *Do you have any currency on you?*

Да, у меня есть доллары. = *Yes, I have dollars.*

Рубли, евро? = *Roubles, euro?*

Нет, рублей нет и евро тоже нет. = *No, I don't have any roubles and I don't have any euro.*

Сколько долларов везёте? = *How much currency in US dollars are you carrying?*

Две тысячи. Я должен их декларировать? = *Two thousand. Should I declare it?*

Нет, две тысячи можно не декларировать. Хорошо. = *No, you don't have to declare two thousand. OK.*

Таможенник ставит штамп в паспорт Джона. = *Custom officer puts a stamp into John's passport.*

Следующий! = *Next!*

Accusative Feminine, Neuter, Inanimate Masculine Singular and Inanimate Plural Adjectives

It is very easy to learn the endings of Feminine and Masculine Inanimate adjectives in the Accusative. They change in a similar way according to the nouns they describe. Look at the table below.

Feminine, Neuter, Inanimate Masculine Singular and Inanimate Plural Adjectives in the Accusative

Nominative		Accusative
старш**ая** дочь		старш**ую** дочь
син**яя** машина		син**юю** машину
чёрн**ый** чай	Я смотрю на	чёрн**ый** чай
красн**ое** вино		красн**ое** вино
бел**ые** розы		бел**ые** розы

You can see that Feminine adjectives take **ую/юю** ending in the Accusative.

Neuter, Inanimate Masculine Singular and **Inanimate Plural** adjectives in the Accusative **don't change their endings**.

Feminine Nouns That End in the Soft Sign

As you might notice, the noun **дочь** (daughter) in the Nominative and in the Accusative has the same ending. So, if a feminine noun ends in the soft sign, it does not change in the Accusative.

Мы помним эту тёмную дождливую ночь. = *We remember that dark rainy night.*

Verbs of Motion 'везти/возить'

The verb **везти/возить** means to carry the object with the help of transportation (the agent can go on foot or ride the vehicle). Look at the following examples.

Мама идёт по улице и везёт ребёнка. = *Mom is walking along the street with a baby in a stroller.*

Два раза в неделю я вожу сына в бассейн. = *I bring my son to a swimming pool twice a week.*

The verb везти/возить is the Verb of Motion. As you remember verbs of motion come in pairs.

Verbs of Motion 'везти/возить'

Group1	Group2
идти́	ходи́ть
везти́	вози́ть

Group 1:

Movement in a certain direction and at a certain time:

Я сейчас везу сына в бассейн. = *At the moment I am taking my son to the swimming pool.*

Group 2:

Movement without a definite direction or in different directions;

> a) a repeated, regular movement;
>
> б) a movement back and forth

Я всегда вожу в машине аптечку. = *I always have a Fist Aid Kit in my car.* (Literally: I always drive a Fist Aid Kit in a car).

Below is the conjugation of these verbs.

Conjugation of the verbs 'везти- возить'

	я	ты	мы	он/она/оно	вы	они
везти́	везу́	везёшь	везём	везёт	везёте	везу́т
вози́ть	вожу́	во́зишь	во́зим	во́зят	во́зите	во́зят

Урок 5

Общественный транспорт = *Public transportation.*

В каждом городе России есть общественный транспорт: трамвай, троллейбус, автобус, метро, маршрутное такси. = *Each Russian city has public transportation: a tram, a trolleybus, a bus, a metro, a minibus.*

Обычно движение транспорта начинается где-то в 5:30 утра и кончается в час ночи. = *Usually public transportation services operate sometime between 5:30 AM and 1 AM.* (Literally: Usually movement of transport starts somewhere in 5:30 of the morning and finishes at one of night.)

Большинство людей используют общественный транспорт, чтобы ехать на работу, в гости, в кино, в театр или просто погулять. = *The majority of people use public transportation to get to work, to visit their friends, to go to the movies, to the theatre or simply to go out.*

Сейчас многие семьи имеют собственные машины и могут ездить на них на работу. = *Nowadays many families have their private cars, so they can drive to work.*

Но очень часто они также используют общественный транспорт, потому что это дешевле, а иногда и быстрее. = *However, very often they also use public transportation, because it's cheaper, and sometimes faster.*

Общественный транспорт в России очень популярен. = *Public transportation is very popular in Russia.*

Обычно людей в транспорте очень много и не всегда есть место для сидения. = *Usually public transportation is overcrowded, and there is often no place to sit.* (Literally: Usually there are a lot of people in public transportation and not always there is a place for sitting.)

Многие люди стоят в транспорте. Это норма. = *Often people remain standing when in public transportation. It's common.*

В каждом городе свои тарифы за проезд в общественном транспорте. = *Each city has its own fare for using public transportation.* (In each city there are their own tariffs for a trip on public transportation)

Билет можно купить в киоске на остановке или в транспорте у водителя или кондуктора. = *You can buy a ticket in a kiosk at the stop or inside public transportation from the driver or the conductor.*

В метро нужно покупать жетоны, которые продаются в вестибюле на каждой станции метро. = *On the subway you have to buy tokens which are sold at every station.*

Есть и другие формы оплаты проезда, например, проездной билет. = *There are other ways to pay, for example, there is a special pass.* Его тоже можно купить в киоске на остановке. = *You can also buy it in the kiosk at the stop.*

Есть проездные на месяц, на квартал, на год на 10, на 15 дней. = *There are passes for one month, for one quarter* (3 month), *for one year, for 10, 15 days.*

Проездные билеты обычно покупают люди, которые ездят каждый день и которые используют разные виды транспорта. = *People usually buy passes if they take public transportation every day and if they use different types of transportation.*

В общественном транспорте существует целая система льгот. = *There is a whole system of discount fare in public transportation.*

Бесплатно могут ездить пенсионеры, школьники и некоторые другие категории граждан. = *Retirees, school kids and some other categories of people have special privileges.*

Проездные билеты для студентов стоят дешевле. = *Students'*
passes cost less.

Что обычно говорят в транспорте = *Common phrases used in*
public transportation (Literally: what usually people say in transport.)

Максим сейчас едет на автобусе в университет. = *Right now*
Maxim is going to the University by bus.

Он должен заплатить за проезд. = *He has to buy a ticket.* (Literally:
He has to pay for a ride.)

Максим сидит далеко от водителя, поэтому он просит
другого пассажира передать деньги. = *Maxim is sitting far from*
the driver, so he is asking another passenger to pass the money.

Передайте, пожалуйста, на билет. = *Can you, please, pass the*
money for a ticket? (Literally: Pass, please, for ticket)

Вам один? = *Do you need one?* (Literally: To you one?)

Через две минуты пассажир передаёт Максиму сдачу. = *In*
two minutes the passenger passes the change to Maxim.

Пожалуйста, ваша сдача. = *Please, take your change.*

Женщина хочет выйти на следующей остановке. = *A woman*
wants to get off at the next stop.

Она трогает за плечо высокого мужчину, который стоит
перед ней. = *She touches the tall man, standing in front of her, on the*
shoulder.

Мужчина, вы на следующей остановке выходите? = *Sir, are*
you getting off at the next stop?

На кого смотрит молодой человек? = *At whom is the young man*
looking?

Молодой человек смотрит на красивую девушку. = *The young*
man is looking at the beautiful girl.

На кого смотрит девушка? = *At whom is the girl looking?*

Девушка смотрит на молодого человека. = *The girl is looking at the guy.*

Кто старше? = *Who is older?*

Мария Ивановна старше чем Света. = *Maria Ivanovna is older than Sveta.*

Кто младше? = *Who is younger?*

Света младше чем Мария Ивановна. = *Sveta is younger than Maria Ivanovna.*

Что больше? = *What is bigger?*

Ваза больше чем стакан. = *The vase is bigger that the glass.*

Что меньше? = *What is smaller?*

Стакан меньше чем ваза. = *The glass is smaller than the vase.*

Accusative Animate Masculine Adjectives

The Accusative case is the only one that separates animate and inanimate objects. Look at the table below and see how animate masculine adjectives change their endings in the Accusative.

Animate Masculine Adjectives in the Accusative

Nominative	Accusative	**- ого/его**
большо́й ры́жий кот	Я вижу	большо́го ры́жего кота́

As you see animate masculine objects take on '**его/ого**' endings in the Accusative.

Accusative Possessive and Demonstrative Pronouns

Possessive Pronouns change in the same way as adjectives.

Possessive and Demonstrative Pronouns in the Accusative

Nominative	Accusative		
ваша мама	Я люблю́	вашу ма́му	
эта передача		э́ту переда́чу	
свой кот		своего́ кота́	
этот человек		э́того челове́ка	
тот чай		тот чай	
то вино		то вино́	

Comparative Adjectives

Comparative Adjectives are used to clarify the difference between two objects.

ма́ленький = small   ме́ньш**е** = smaller

There are two endings that indicate Comparative Adjectives: **е** and **ее**.
Look carefully at the table.

Comparative Adjectives

мла́дший	мла́дше
маленький	ме́ньше
дорогой	доро́же
интересный	интере́снее
хороший	лу́чше

As you see, sometimes in order to form a superlative adjective you have to replace the ending with **e** or **ee**.

мла́дш**ий** – мла́дш**e**   интере́сн**ый** – интере́сн**ee**

Sometimes the stem of the word undergoes a change as well.

доро**го́й** – доро́**же**   моло**до́й** – моло́**же**

And, as in English, there are irregular comparative forms.

хоро́ший – лу́чше (good – better)   плохо́й – ху́же (bad – worse)

In this case you have to memorize the comparative form.

Урок 6

внешность – appearance

У Семёна длинное лицо, короткие светлые волосы, серые глаза, узкий длинный нос, тонкие губы, и большие уши. = *Semyon has a long face, short light hair, grey eyes, a narrow long nose, thin lips and big ears.*

Какое у Александра лицо? = *What type of face does Alexander have?*

У Александра круглое лицо. = *Alexander has a round face.*

Какие у него глаза? = *What kind of eyes does he have?*

У него тёмно-синие глаза. = *He has dark-blue eyes.*

Какие у него волосы? = *What type of hair does he have?*

У него кудрявые рыжие волосы. = *He has curly red hair.*

Какой у него нос? = *What type of nose does he have?*

У него широкий мясистый нос. = *He has a wide fleshy nose.*

Какие у Александра губы? = *What type of lips does Alexander have?*

У Александра полные губы. = *Alexander has full lips.*

Светлана и Николай – коллеги. = *Svetlana and Nikolay are colleagues.*

Они работают в небольшой рекламной компании. = *They work for a small advertising company.*

Светлана – молодая стройная девушка. = *Svetlana is a young slim girl.*

У неё короткие русые волосы, маленький прямой нос и яркие голубые глаза. = *She has short ash-blond hair, small straight nose and bright blue eyes.*

Светлана работает менеджером. = *Svetlana is a manager.* (Literally: works as a manager).

Николай – невысокий крепкий молодой человек. = *Nikolay is an athletic short (not very tall) young man.*

У него длинные тёмные волосы, большой нос и большие карие глаза. = *He has long dark hair, big nose and big brown eyes.*

Николай говорит, что у него орлиный нос, потому что он похож на своего дедушку- грузина. = *Nikolay says that he has an aquiline nose, because takes after his Georgian grandpa.*

Николай работает дизайнером. = *Nikolay is a designer.*

Доброе утро, Коля! Как дела? = *Good morning, Kolya, how are you?*
Да всё хорошо. = *Everything is good.*

С утра немного опоздал на работу. Пробки! = *I was a little bit late for work this morning. Traffic!*

Ты что сегодня делаешь в обеденный перерыв? = *What are you doing today at lunch time?*

Сегодня столько работы! = *There is so much work today!*

Не знаю будет ли у меня время пообедать. = *I am not sure whether I will have time for lunch today.*

Правда? А я думал, что мы вместе пообедаем. = *Really? I thought we would have lunch together.*

Ты слышала о новом кафе? = *Have you heard about the new café?*

Оно открылось на прошлой неделе. = *It opened last week.*

Называется «Домашняя еда». = (It) *is called "Home meal".*

Оно находится на соседней улице. = *It is in the neighboring street.*

Всего пять минут пешком! = *Only a five-minute walk!*

Ой, Коля, я не знаю. = *Oh, Kolya, I don't know.*

Я в обед буду на встрече с клиентом. = *I am meeting with a client at lunch time.*

У меня с ним встреча в час. = *We have an appointment at one.*

И в это кафе я очень хочу сходить. = *And I want to check out that café.*

Моя подруга тоже говорила, что там очень вкусно готовят, и недорого. = *My friend also told me that the food is very tasty there and it is inexpensive.* (Literally: My friend told me that there very tasty cook.)

Я сейчас позвоню своему клиенту и попробую перенести встречу на другое *время*. = *I will call my client now and try to reschedule the appointment for another time.*

Отлично! Но, если ты не сможешь перенести свою встречу, то я куплю тебе обед. = *Perfect! But, if you are not able to reschedule your appointment, I will buy you lunch.*

Коля, ты настоящий друг! Спасибо. = *Kolya, you are a real friend! Thank you!*

Я знаю, что я хороший. = *I know that I am good.*

Но ты, если будешь работать 8 часов в день, то станешь начальником и будешь работать 12 часов в день! = *But if you work 8 hours a day, you will become a boss and will work 12 hours a day!*

Ха-ха-ха! Да, так и будет. = *Ha-ha-ha! Exactly, that is what going to happen.* (Literally: Yes, (it) so will be.)

Позвони мне, если сможешь перенести встречу. = *Call me, if you are able to reschedule the appointment.*

Хорошо, я сейчас позвоню клиенту, а потом позвоню тебе. = *Ok, I will call the client now and then I will call you back.*

Хорошо, я буду ждать твоего звонка. Пока! = *Ok, I will wait for your call. Bye!*

На кого похожа собака? = Who does the dog look like?

Собака похожа на своего хозяина. = *The dog looks like its master.*

У неё такой же длинный нос и такие же длинные ноги. = *It has the same long nose and the same long legs.*

Дочь похожа на свою мать. = *The daughter takes after her mother.*

У неё такие же светлые волосы, такой же курносый нос и такая же походка. = *She has the same light hair, the same turned up nose, and the same gait.*

Future Tenses

In *Russian Step By Step, Beginner 1* book you learned how to form the Future Tense: just by using the verb **быть** (to be) + Imperfective verb. It is called **Compound Future Tense**.

> **The Compound Future Tense** indicates that the action will be happening in the future for a while.
>
> Завтра мы будем отдыхать весь день. = *We will be resting the whole day tomorrow.*
>
> Я обещаю, что буду звонить тебе каждый день. = *I promise to call you very day.* (Literally: I promise I will be calling you every day)

Another way to form the Future Tense is to use the Perfective form of the verb (Future Simple). You might notice that all perfective verbs don't have a present form (consult the Grammar section at the end of the book or go on the website RussianStepByStep.com – Grammar – Conjugated Verbs.)

> The **Simple Future Tense** indicates that the action will be completed in the future.

Мы прочитаем вашу книгу. = *We will read your book* (from the beginning to the end).

Я позвоню тебе. = *I will call you.*

Future Tenses

Compound Future	Simple Future
Will be doing The action will be happening. Repetitive action	Will do The action will be completed. There will be result
быть + Infinitive form of Imperfective Verb	conjugated Perfective Verb
Я буду писать тебе каждый день. = *I will be writing you every day.*	**Я напишу тебе письмо.** = *I will write you a letter.*
Сейчас я буду готовить обед, а потом я буду читать вашу статью. = *Right now I will be cooking dinner and then I will be reading your article.*	**Сейчас я приготовлю обед а потом прочитаю вашу статью.** = *Now I will cook dinner and then I will read your article* (to the end).

Short Form Adjective 'похож'

In *Russian Step By Step, Beginner Level 1* you learned about Short Form Adjectives **готов** and **должен**.

Let us learn another Short Form Adjective: **похож**.

> похож = *resembling, alike*
>
> Сын похож на своего отца. = *The son takes after his father.*
>
> Дочь похожа на свою мать. = *The daughter looks like her mother.*
>
> Эти две вещи похожи. = *These two things are alike.*

Урок 7

У кассы = *at the ticket window*

Николай Николаевич едет в командировку в Москву. = *Nikolay Nikolayevich is going to Moscow on a business trip.*

Сегодня четверг, а завтра пятница. = *Today is Thursday and tomorrow is Friday.*

Николай Николаевич должен быть в Москве в понедельник, но он решил приехать в Москву на два дня раньше. = *Nikolay Nikolayevich has to be in Moscow on Monday, but he decided to come to Moscow two days earlier.*

Старший брат Николая Николаевича, Семён Николаевич, живёт в Москве, и Николай Николаевич давно его не видел. = *The older brother of Nikolay Nikolayevich, Semyon Nikolayevich, lives in Moscow, and Nikolay Nikolayevich has not seen him for a long time.*

Обычно он ездит в Москву на поезде. = *Usually he goes to Moscow by train.*

Николай Николаевич сейчас стоит у окошка кассы. = *Right now Nikolay Nikolayevich is standing at the ticket window.*

Он хочет купить билет в Москву. = *He wants to buy a ticket to Moscow.*

Мне, пожалуйста, один билет на завтра до Москвы. = *I need one ticket to Moscow for tomorrow.* (Literally: To me, please, one ticket till Moscow for tomorrow.)

Купе или плацкарт? = *First class or second class?*
Купе. = *First class.*

Одно купейное место на восьмое августа. Место третье, нижнее. = *One first class seat* (place) *for the 8th of August. Seat number 3 (the third seat),* lower. (the lower seat)

Обратно на какое число? = *When are you coming back?* (Literally: Back for what date?)

На тринадцатое. = *On the 13th.*

Один купейный на восьмое августа до Москвы. = *One first class* (ticket) *on 8th of August to Moscow.*

Обратно на двенадцатое августа. 2945 рублей. = *Back on the 12th of August. 2945 rubles.*

Николай Николаевич даёт деньги кассиру. = *Nikolay Nikolayevich is gives money to the cashier.*

Пожалуйста. = *Here you are.*

Поезд № 129 Москва-Симферополь отправляется из Москвы в 7:17 со второго пути. = *Train number 129 Moscow-Simferopol departs Moscow at 7:17 from the second platform.*

Поезд № 129 Москва-Симферополь прибывает в Симферополь в 5:25. = *Train number 129 Moscow-Simferopol arrives in Simferopol at 5:25.*

Genitive Case

Let's repeat everything that we know about the Genitive Case and learn something new.

Question words for the Genitive Case:

Кого? = (of, without) Whom?

Чего? = (of, without) What?

The Genitive Case is used:

1) To describe **belonging** and relations – something of **something** or somebody of **somebody**.

> Чей это кабинет? = *Whose office is this?*

> Это кабинет **Николая Ивановича**. = *This is the office of Nikolay Ivanovich.*

2) To describe **negation**.

> **Чего** нет в этом здании? = *What is missing in this building?*

> В этом здании нет **лифта**. = *There is no elevator in this building.*

3) After the preposition **у** (at).

> У **кого** есть всё, чтобы приготовить борщ? = *Who has everything for cooking beetroot soup?*

> У **Нины Петровны** есть всё, чтобы приготовить борщ. = *Nina Petrovna has everything to cook beetroot soup.*

4) When counting objects.

In Russian *Step By Step, Beginner Level 1* we learned about counting objects of different genders.

If you were a good student and memorized all those endings, you are lucky, because the second line (2, 3, 4) stands for the Genitive Singular, and the third line (5, 6...) stands for the Genitive Plural. Look at the following examples:

> 1 книга

> 2, 3, 4 книги

> 5, 6, ... 20 книг

> У меня есть две **книги**. = *I have 2 books.* (Genitive of

Counting, Singular)

У меня нет **книги**. = *I don't' have a book.* (Genitive of Negation)

У них есть 5 **машин**. = *They have 5 cars.* (Genitive of Counting, plural)

У них нет **машин**. = *They don't have any cars.* (Genitive of Negation, Plural)

5) After the prepositions **до** = till, to

Мне, пожалуйста, один билет **до** Москвы. = *One ticket to Moscow, please.* (till the certain point)

Пока, **до** пятницы! = *Bye, see you on Friday!*

6) After the prepositions **с** and **из** = from

Genitive Prepositions 'с' and 'из'

Both of these prepositions are translated into English as 'from'. But, as it was mentioned earlier, you should learn the prepositions together with phrases in order to use them properly.

You already know the preposition **с** in the meaning of 'with'.

Вчера мы **с** мужем ходили в ресторан. = *My husband and I went to a restaurant yesterday.* (**Instrumental**)

If you use this preposition in the meaning of 'from', the following word should be in the Genitive.

Ольга пришла **с** работы в 6 часов. = *Olga came from work at 6 o'clock.* (**Genitive**)

Откуда Акито Танака? = *Where is Akito Tanaka from?*

Он **из** Японии. = *He is from Japan.*

Из какого он города? = *What city is he from?*

Он **из** Токио. = *He is from Tokyo.* (Tokyo does not change its ending, because it has an unusual ending for a city)

The preposition '**из**' is used more often in the meaning of '**out of**'.

Я беру фотографию **из альбома.** = *I am taking a photo out of the album* (the photo was inside the album).

Look at the sentences with the Preposition **с.**

Я беру фотографию **со стола.** = *I am taking a photo off the table* (the photo was on the surface, not inside)

Давайте, посчитаем, сколько человек в этой комнате. Начнём **с Марии.** = *Let's count how many people there are in this room. We will start with Maria.*

If you, by mistake, mix these prepositions and use the wrong one in the above sentence, it would sound funny:

Начнём **из Марии.** = *Let's start out of Maria.*

It sounds like you want to start somewhere inside Maria's body.

On the other hand, Russians say:

Пётр **из** большого города. = *Peter is from a big city.*

Пётр **с** соседней улицы. = *Peter is from a neighboring street.*

Choosing Between 'с' and 'из'

Let us talk a little bit more about these two prepositions. Which one to choose? There is one useful tip.

If you memorized the prepositions for the Accusative, it will be easier for you to figure out the Genitive prepositions, because:

с ➡ на   The Genitive preposition **с** replaces the Accusative preposition **на**.

в ➡ из   The Genitive preposition **из** replaces the Accusative preposition **в**.

Куда идёт Игорь? = *Where is Igor going?* (to where?)

Игорь идёт **на** почту. = *Igor is going to the post office. (Acc.)*

Откуда идёт Игорь? = *Where is Igor coming from?*

Игорь идёт **с** почты. = *Igor is coming from the post office. (Gen)*

Мы идём **в** театр. = *We are going to the theater. (Acc.)*

Мы идём **из** театра. = *We are coming from the theater. (Gen.)*

Genitive Adjectives

Look at the table below and see how adjectives change their endings in the Genitive.

Masculine and Neuter Adjectives in the Genitive

🧍	☀	-ого/его
Nominative		**Genitive**	
Question	Adjective	Question	Adjective
какой сын?	любимый сын	как**ого** сына?	любим**ого** сына
какое окно?	большое окно	как**ого** окна?	больш**ого** окна
какое море?	синее море	как**ого** моря	син**его** моря

158

Feminine Adjectives in the Genitive

			-ой/ей
какая девочка?	маленькая девочка	какой девочки?	маленькой девочки
какая машина?	синяя машина	какой машины?	синей машины

As you see, masculine and neuter adjectives take on the **ого/его** endings in the Genitive.

Feminine adjectives take on the **ой/ей** endings in the Genitive.

> В комнате не было её **любимого сына**. = *Her beloved son was not in the room.*

> **Какого** сына не было в комнате? = *Which son was not in the room?*

> Давайте выучим слова **известной русской народной песни** «Катюша». = *Let's learn the lyrics* (words) *to the famous Russian folk song "Katyusha".*

> Мы выучим слова **какой** песни? = *We will learn the lyrics to what song?*

When there are more than two consonants together, you should add **о** to the preposition **с** for smooth pronunciation.

> Поезд Москва-Симферополь отправляется **со** втор**ого** пут**и**. = *Train Moscow-Simferopol departs from the second platform.* (**путь** is a masculine word with an irregular Genitive ending)

Урок 8

Командировка = *Business trip*

Сегодня пятница, завтра суббота – выходной день. = *Today is Friday, tomorrow is Saturday – a day off.*

Николай Николаевич пришёл домой в 7 часов, потом поужинал. = *Nikolay Nikolayevich came home at 7 o'clock, then he had dinner.*

Потом он заказал такси по телефону. = *Then he called for a taxi. (ordered a taxi over the phone.)*

Когда он ужинал, позвонил его брат. = *When he was having dinner, his brother called.*

Семён Николаевич обещал встретить брата на вокзале, и поэтому он хотел знать номер вагона и номер поезда. = Semyon *Nikolayevich promised to meet his brother at the train station, which is why he wanted to know the number of the train and the number of the train car.*

В 7:30 приехало такси. = *The taxi arrived at 7:30.*

Николай Николаевич сел в такси и поехал на вокзал. = *Nikolay Nikolayevich got into the taxi and headed to the railway station.*

Когда он ехал в такси, он видел аварию: столкнулись две машины. = *When he was riding in the taxi, he saw an accident: two cars collided.*

Образовалась пробка. = *It caused traffic.* (Literally: was created traffic)

Николай Николаевич боялся опоздать на поезд. = *Nikolay Nikolayevich was afraid he would be late for the train.*

В 8:00 он приехал на вокзал. = *He arrived at the train station at 8:00 PM.*

Его поезд уже был на платформе. = *His train was already on the platform.*

Николай Николаевич сел в поезд и поехал в Москву. = *Nikolay Nikolayevich boarded the train and left for Moscow.*

Ты билет уже купил? = *Have you already bought a ticket?*

Купил, купил, ещё вчера. = *Yes, yes, I already bought it yesterday.*

Какой поезд? = *Which train?*

Поезд «Соловей» номер 1064 Курск - Москва. = *The train 'Solovey', Kursk-Moscow, number 1064.*

А какой вагон? = *What is your car number?*

Седьмой. Я буду в Москве в 17:10. = *Seventh. I will be in Moscow at 5:10 PM.*

Так, седьмой вагон. Отлично! = *So, car number 7. Perfect!*

Я буду ждать тебя на платформе, братишка. = *I will be waiting for you on the platform.*

До встречи! = *See you then!* (Literally: till meeting!)

Prefix 'по' with Temporal Meaning

Often the perfective form of a verb is formed by adding different prefixes. In English the same verb can have different meaning when it is used with different prepositions: sign **in**, sign **up**, look **down**, go **on,** etc. In Russian the same effect can be achieved with the help of different prefixes.

Let's talk about the particular prefix **по**.

Very often the prefix **по** defines a temporary action in time. So, if you list some temporary actions, you should use this prefix. Look at the following sentences.

Николай пришёл домой, потом поужинал, потом

посмотрел телевизор, а потом пошёл спать. = *Nikolay came home, then had dinner, then watched TV for a while, and then went to bed.*

You are describing one action after another chronologically. The word **потом** indicates that you should use the perfective form with the prefix **по**, because the action had been completed in time.

Compare it with another sentence.

Вчера вечером Николай читал газету, смотрел телевизор, звонил брату. = *Yesterday evening Nikolay read a newspaper, watched TV, called his brother.*

Here you are just describing actions that happened yesterday without any order, without any meaning of completion.

Verbs of Position 'сидеть, садиться/сесть'

You already learned about verbs of Motion (Lesson 16, *Russian Step By Step, Beginner Level 1*).

There is another special group of verbs, which is called Verbs of Position. They come in pairs, and each pair denotes a particular position in space.

In this lesson we will talk about one pair of these verbs:

сидеть – садиться/сесть = *to sit*

Verbs of Position 'сидеть, садиться/сесть'

Group1	Group2
Being in position	Getting into position
сиде́ть	сади́ться/сесть
сидеть на стуле	сади́ться/сесть на стул

As you see from the table, the verb forms the 1st group puts the noun of place into the Prepositional case, and the verb from the 2nd group puts the noun of place into the Accusative case.

Group 1:

An object is physically in a place.

> Виктор сидит на диване и читает газету. = *Victor is sitting on the sofa and reading a newspaper.* (Victor is physically on the sofa)

Group 2:

Movement to a place.

> Виктор садится на диван, берёт газету и начинает читать. = *Victor sits down on the sofa* (he is not on the sofa yet - he is putting himself on the sofa), *takes a newspaper and begins reading.*

> Виктор сел на диван и начал читать газету. = *Victor sat down on the sofa and started reading a newspaper.* (Here we use 'сесть' - Perfective form of the verb 'садиться', because Victor completed the movement of putting himself on the sofa.)

> Садитесь пожалуйста. =*Take a seat, please.* (This English translation reflects getting into position description perfectly.)

Урок 9

Бронирование гостиницы. = *Making a hotel reservation.*

Мария и Екатерина - подруги. = *Maria and Yekaterina are friends.*

Они живут в Москве и учатся в университете на третьем курсе. = *They live in Moscow and study at the University. It is their third year.*

Сейчас у них каникулы, и девушки решили съездить в Санкт –Петербург на неделю, чтобы познакомиться ближе с историей этого города. = *They are on summer break now and they decided to go to Saint Petersburg for a week to become familiar with ancient history of this city.*

Мария и Екатерина уже купили билеты на поезд и собрали чемоданы. = *Maria and Yekaterina have already bought their tickets and packed their suitcases.*

У них осталась одна важная проблема – гостиница. = *There is only one important thing left – a hotel.*

Им надо найти подходящую гостиницу и забронировать номер. = *They need to find the right (the one that suits them the most) hotel and book it.*

Катя, как ты думаешь, мы можем себе заказать гостиницу в центре города? = *Katya, what do you think, can we book a hotel in downtown?*

Надо позвонить и узнать стоимость номера за сутки. = *We should call and find out the price* (Literally: find out the price per day (meaning 24 hours)

Думаю, что надо выбрать небольшую гостиницу. = *I think we should choose a small hotel.*

Это обычно дешевле. = *It is usually cheaper.*

Одна моя коллега в прошлом году ездила в Питер. = *One of my colleagues went to Piter last year.* (Питер is a short colloquial name for Saint Petersburg)

Она останавливалась в гостинице «Русь». = *She stayed at the hotel "Rus".*

Она говорила, что это хорошая гостиница и в центре города. = *She told us that it is a very good hotel and it is in downtown.*

Так, сейчас посмотрим в интернете телефон гостиницы «Русь». = *So, now we will look up the phone number of the hotel "Rus" on the internet.*

Так, Санкт-Петербург, гостиницы... Гостиница «Русь». Вот, пожалуйста. = *Ok, Saint Petersburg, hotels... Hotel "Rus." Here you are.*

Маша набирает телефонный номер гостиницы «Русь». = Masha *is dialing the number for the hotel "Rus".*

Добрый день. Мы звоним вам из Москвы. = *Good afternoon. We are calling you from Moscow.*

Хотим заказать номер на неделю. Приедем завтра. = (We) *would like to book a hotel for week.* (We are) *coming tomorrow.*

Хорошо, какой номер вы хотите: стандартный или улучшенный? = *Ok, which room do you want: regular or superior?*

А сколько стоит стандартный и сколько стоит улучшенный? = *How much is the regular room and how much is the superior one?*

Стандартный номер стоит 3000 рублей в сутки. = *The standard room costs 3000 rubles per night.* (сутки = day + night = 24 hours)

Цена улучшенного номера 4000 в сутки. = *The price of the superior room is 4000 rubles.*

Секунду. Сейчас посоветуюсь с подругой. = *One second, please. I will talk to my friend.* (to ask advice from)

Катя, обычный номер 3000, улучшенный дороже на одну тысячу. Что будем заказывать? = *Katya, the regular room costs 3000; the superior is 1000 more. Which will we reserve?*

Давай забронируем стандартный. = *Let's book the regular one.*

Сэкономим деньги. = *We'll save money.*

Да, сэкономим деньги и походим по магазинам. = *Yes, we'll save money and go shopping.*

Так, мы хотим заказать стандартный на неделю с завтрашнего дня. = OK, *we will reserve a regular room for a week starting tomorrow.* (Literally: starting from tomorrow day)

Номер на одного или на двоих? = *A room for one or for two?*

На двоих, пожалуйста. = *For two, please.*

Вы будете завтракать в гостинице? = *Are you planning to have breakfast at the hotel?*

Если да, то стоимость проживания с завтраком на двоих 3500 рублей в сутки. = *If so, the cost of staying together with breakfast for two is 3500 rubles per night.*

Да, хорошо. = *Yes, that's fine.*

Скажите, пожалуйста, вашу фамилию, имя, отчество. = Please, t*ell me your last name, your first name and your patronymic.*

Мария, как будете платить? = *Maria, how will you pay?*

Наличными, если возможно. = *Cash, if it is possible.* (Literally: (with) cash if it is possible.)

Да, можно платить наличными или кредитной картой. = *Yes, you can pay with cash or a credit card.*

Хорошо. Оставьте, пожалуйста, номер телефона, по которому можно с вами связаться. = *OK. Please, leave the phone number, by which you can be reached.*

Хорошо. Ждите. = *OK. Please, wait for our call.*

Через 5 минут звонит телефон. = *In 5 minutes the phone rings.*

Так. Вы забронировали двухместный номер с 18 июля по 25 июля на Марию Кузнецову. = *You have a reservation for a room for two from July the 18th through July the 25th.*

В стоимость проживания входят завтраки. = *Breakfast is included.* (Literally: in costs of staying go breakfasts)

Платить будете наличными в момент заселения. = *You will pay with cash upon arrival.* (Literally: at the moment of moving in)

При себе вам нужно иметь паспорт. = *You should have your passport with you.*

Всего доброго. = *Have a good day!* (Literally: (I wish you of) all good)

Всё? Ты забронировала номер? = *Done? Have you made a reservation?*

Да, с завтрашнего дня. = *Yes, starting tomorrow.*

Отлично! Я боялась, что все номера будут заняты. = *Perfect! I was afraid that all the rooms would be booked.*

Я тоже боялась, что не будет номеров. = *I was also afraid that there wouldn't be any room.*

И цена подходящая. = *And the price is reasonable.*

Я думала, что будет дороже. = *I thought (that) it would be more expensive.*

Мы хотим забронировать гостиницу **с завтрашнего дня**. = *We would like to book a hotel starting tomorrow.* (Literally: we would like to book a hotel **from** tomorrow day. - **Genitive**)

Verbs 'Пойти – прийти'

As you already know Russian verbs come in two Aspects: Perfective and Imperfective. Verbs of Motion also have Aspect.

Пойти and **прийти** are two Perfective verbs that derive from Imperfective verb **идти**.

> идти = *to be going (incomplete action that describes the moment);*
>
> пойти = *to go to, to leave for (the action is completed);*
>
> Мы сейчас идём в кино. = *We are going to the movies.* (The action is in progress.)
>
> Олег пошёл в банк. = *Oleg went to the bank.* (Completed movement to a place.)
>
> Олег уже пришёл из банка. = *Oleg has already come from the bank.* (Completed movement from a place.)

Verb 'бояться'

> **бояться** = *to be afraid of*

This reflexive verb requires the Genitive case, because it is translated as 'to be afraid **of** (something)'. You already know that, when we talk about something **of something,** we need the Genitive.

> **Чего** боится Леночка? = *What is Lenochka afraid of?*
>
> Леночка боится **большой собаки**. = *Lenochka is afraid of a big dog.*

Most of the time, when we talk about being afraid of something, we use plural form.

> Леночка боится **собак**. = *Lenochka is afraid of dogs.*

Declension of Verb 'бояться'

Present Tense

	я	ты	он/она/оно	вы	они
бояться	боюсь	боишься	боится	боитесь	боятся

Past Tense

он	она	оно	они
боялся	боялась	боялось	боялись

Урок 10

Маршрут = *Route*

Николай часто ездит на работу на машине. = *Nikolay often goes to work by car.*

Вчера он стоял в пробке полтора часа и поэтому опоздал на важное собрание. = *Yesterday he got stuck in traffic for an hour, and therefore he was late for an important meeting.*

Сегодня он решил поехать на общественном транспорте. = *Today he decided to take public transportation.*

Николай вышел их дома в 8 часов и пошёл на остановку автобуса. = *Nikolay left the house at 8 o'clock and went to the bus stop.*

 На остановке он ждал автобус пять минут. = *At the bus stop he waited for the bus for 5 minutes.*

Когда приехал автобус, Николай сел в него и поехал на станцию метро. = *When the bus arrived, Nikolay boarded it and went to the subway station.*

От его дома до станции метро пять остановок на автобусе. = *There are five bus stops from his house to the subway station.*

Николай ехал на автобусе 15 минут. = *Nikolay rode the bus for 15 minutes.*

Потом он вышел из автобуса и пошёл в сторону метро. = *Then he got off the bus and went towards (Literally: to the side of) the subway station.*

Николай вошёл в вестибюль метро, купил в автомате два жетона и пошёл на платформу метро. = *Nikolay entered the subway station, bought two tokens from a token machine and headed for the platform.*

На платформе Николай ждал поезд одну минуту. = *On the platform Nikolay was waiting for the train for one minute.*

Когда приехал поезд, Николай сел в него и поехал. = *When the train arrived, Nikolay boarded it and took off.* (Literally: sat down in it and went (one way)).

Он ехал в метро 20 минут. = *He was riding the subway for 20 minutes.*

Потом Николай вышел из метро и пошёл пешком на работу. = *Then Nikolay got out of the subway and walked to work.*

Он шёл 3 минуты. = *He walked for three minutes.*

Николай пришёл в офис ровно в 9 часов. = *Nikolay arrived at the office at 9 o'clock sharp. (Literally: exactly at 9 o'clock)*

Сегодня он не опоздал на работу! = *He was not late for work today!*

Девушка идёт в сторону автобуса. = *The girl is going towards the bus.*

Девушка входит в автобус. = *The girl is boarding the bus.*

Девушка вошла в автобус. = *The girl boarded the bus.*

Verbs of Motion with Prefixes

In Russian a lot of new verbs are created by adding a new prefix. It will be very useful to learn the meanings of different prefixes.

Verbs of Motion are very important, because we use them a lot. Let us have a look at the Verbs of Motion with prefixes. Some of them you already know.

1. The prefix **при** indicates a movement **towards** the subject.

идти = to go;   **при**ходить/**при**йти = to come/ to arrive
                                          (by foot)

ехать = to go;   **при**езжать/**при**ехать = to come/ to arrive
                                          (by transportation)

везти = to carry   **при**возить/**при**везти = to bring
                                          (by transportation)

The verbs with a prefix from Group 1 are Perfective. They describe the Motion that already happened or will happen, and it is a one-way movement.

Вчера папа приехал из командировки и привёз мне подарок. = *Yesterday Dad came from a business trip and brought me a gift.*

2. The prefix **вы** indicates a movement **out of** something.

идти   **вы**ходить/**вы**йти = to go out of/ to leave by foot;

ехать   **вы**езжать/**вы**ехать = to go out of/ to leave by transportation;

везти   **вы**возить/**вы**везти = to take out/to get out

Машина выехала из гаража и поехала в сторону центра. = *The car drove out of the garage and took off towards downtown.*

The verbs with a prefix from Group 2 are Imperfective. They describe a motion that happens more than once, or is happening at the moment.

Вы на следующей остановке выходите? = *Are you getting off at the next stop?*

3. The prefix **в (о)** indicates the movement **into** something.

идти   **в**ходить/**в**ойти = *to go into by foot;*

ехать   **въ**езжать/**въ**ехать = *to go into by transportation;*

везти　　**в**возить/**в**везти = *to bring into;*

Мы вошли в автобус и увидели кондуктора. = *We got on the bus and saw the conductor.*

Смотрите, папа входит в комнату. = *Look, Dad is entering the room.*

So, a prefixed verb from Group1 becomes perfective.
A prefixed verb from Group2 remains imperfective.

But! There is one trick: a verb from Group2 (repetitive or multidirectional motion), when prefixed describes both: an unfinished unidirectional motion and a repetitive or multidirectional motion.
Look at the following sentences.

Вот человек **ходит** по улице и ищет дом номер 5. = *Here is a man who is going along the street back and forth and is looking for the house number 5.* (Imp. - Repetitive multidirectional motion)

Вот **идёт** человек по улице. = *Here is a man walking along the street.* (Imp. - unfinished one-way motion)

Вот он **входит** в дом. = *Here he is entering the house.* (Imp. - one-way motion in progress)

Вот он **вошёл** в дом. = *Here he has entered the house.* (Perf. - one-way movement got finished)

Он **входил** в этот дом, но сейчас его здесь нет. = *He has been to this house, but he is not here at the moment.* (Imp. - Multidirectional motion – He came in and then left.)

Урок 11

Как ты думаешь, сколько метров отсюда до того дерева. = *What do you think: how far is it from here to that tree?*

Я думаю, что я добегу до того места за 5 минут. = *I think, I will run up to that point in 5 minutes.*

А я думаю, что я смогу это сделать быстрее - я добегу до того дерева за 2 минуты! = *I think I will be able to do it faster – I will run up to that tree in 2 minutes!*

Я каждый день бегаю 10 километров. = *I run 10 kilometers every day.* Раньше, когда мы жили рядом с парком, я тоже больше бегала, а сейчас я очень много езжу. = *Back in the day, when we lived next to the park, I used to run more, but now I use transportation a lot.*

А куда ты ездишь? = *And where do you go?*

Ну я два раза в день езжу на лифте, в выходные мы с хозяином ездим на дачу, а в прошлую субботу мы ездили в деревню. = *Oh, I take (ride) an elevator twice a day, on the weekends my master and I go to the country house, and last Saturday we went to the village.*

У нас в деревне бабушка. = *We have grandma in a village.*

Вот это был класс! = *It was so cool!*

Я там бегала за котом целый день. = *I was chasing a cat there the whole day!*

Я тоже люблю бегать за котами. = *I also like chasing cats.*

Коля, ты живёшь далеко отсюда? = *Kolya, do you live far from here?*

От моего дома до моей работы полчаса на машине, если нет пробок. = *It's half an hour by car from my house to my work, if there is no traffic.*

А если есть пробки? = *And with traffic?*

А если есть пробки, то полтора часа. = *With traffic it is an hour and a half.*

А если на общественном транспорте? = *And by public transportation?*

Ну, на общественном транспорте быстрее. = *Well, by public transportation it is faster.*

И не надо думать о парковке. = *And you don't have to think about parking.*

Да, это правда. = *Yes, that's true.*

А ты как ездишь на работу? = *And you? How do you get to work?*

В прошлом году, когда я только купила новую машину, я всё время ездила на работу на машине. = *Last year, when I had just bought a new car, I drove to work all the time.*

Вождение по городу — это стресс, особенно зимой. = *Driving in the city is stressful, especially in wintertime.*

Сейчас я езжу на работу на метро. = *Now I go to work by metro.*

От моего дома до работы всего 15 минут на метро. = *It's only 15 minutes from my house to work by metro.*

Я выхожу из дома в 8:30, и через полчаса я на работе. = *I leave the house at 8:30, and in half an hour I am at work.*

Очень удобно. = *Very convenient.*

И, как ты сказал, не надо думать о парковке. = *And, as you said, you don't have to think about parking.*

Verbs of Motion 'бежать/бегать'

Let's learn another verb of Motion - бежать/бегать.

бежать/бегать = to run

Group1	Group2
идти́	ходи́ть
ехать	ездить
везти́	вози́ть
бежа́ть	бе́гать

Present Tense

	я	ты	он/она/оно	вы	они
бежать	бегу	бежишь	бежит	бежите	бегут
бегать	бегаю	бегаешь	бегает	бегаете	бегают

Каждое утро я **бегаю** в парке. = *I run in the park every day.*
(repetitive motion)

Собака **бежит** по улице. = *The dog is running along the street.*
(unidirectional motion that is happening at the moment)

Past Tense

он	она	оно	они
бежа́л	бежа́ла	бежа́ло	бежа́ли
бе́гал	бе́гала	бе́гало	бе́гали

> Он **бежал** ря́дом со мной. = *He was running next to me.* (unidirectional motion that is happening at the moment)

> Соба́ка **бе́гала** за кото́м. = *A dog was chasing a cat.* (repetitive multidirectional motion)

Future Tense

As you remember, the Compound Future Tense is created with the help of the verb **быть** = to be + Infinitive.

> Ты бу́дешь **бежа́ть**. = *You will be running.* (one way, describing the moment)

> Я бу́ду **бе́гать**. = *I will run.* (repetitively or in different directions)

Simple Future is created by adding different prefixes to the verb. A different prefix gives a verb a different meaning.

Let's have a look at the verbs **бежать/бегать** with prefix **по**.

Future Tense of the vebr pair 'бежать/бегать'

я	ты	он/она/оно	вы	они
побегу́	побежи́шь	побежи́т	побежи́те	побегу́т
побе́гаю	побе́гаешь	побе́гает	побе́гаете	побе́гают

А сейчас мы **побежим** вон туда. = *And now we will run over there.*

Я сейчас **побегаю** в парке, а потом мы с вами поговорим. = *I will go for a run now, and after that we will talk.* (**побегаю** = will run for a while - The motion is framed in time.)

Verbs of Motion with Prefix 'до'

Prefix **до** indicates a motion **till** a certain point.

идти *(Imp.)*	**доходить** *(Imp.)*/ **дойти** *(Perf.)* = to reach, to come up to a point by foot;
ехать*(Imp.)*	**доезжать***(Imp.)*/**доехать***(Perf.)* = to reach/ to come up to a point by transportation;
везти *(Imp.)*	**довозить***(Imp.)*/**довезти** *(Perf.)* = to bring to some place;

Мы **доехали** до Москвы за 6 часов. = *We drove up to Moscow in 6 hours.*

Бежать *(Imp.)*   добегать *(Imp.)* /добежать *(Perf.)* = to run up to a certain point

От своего дома до работы я **доезжаю** за полчаса, если нет пробок. = *By car and without traffic I can get from my house to work in half an hour.*

Both prepositions: **от** and **до** require the Genitive Case.

Possessive Pronouns in the Genitive

🕺	☀	- его	
Nominative		**Genitive**	
Question	Nominative	Question	Genitive
чей? чьё?	мой, моё твой, твоё наш, наше ваш, ваше свой, своё его, её, их	какого? чьего?	моего твоего нашего вашего своего его, её, их
💃			-ей
чья?	моя твоя наша ваша своя его, её, их	какой? чьей?	моей твоей нашей вашей своей его, её, их

Урок 12

Американский журнал «Форбс» назвал мексиканского миллиардера Карлоса Слима Элу самым богатым человеком в мире. = *The American magazine Forbes named Carlos Slim Helu as the richest man in the world.*

Его состояние составляет 53.5 (пятьдесят три с половиной) миллиарда долларов. = *His wealth was estimated at 53,5 billion dollars.* (Literally: His wealth makes 53,5 billion dollars.)

Билл Гейтс, известный компьютерный магнат, который уже много лет держит пальму первенства, - на втором месте. = *Bill Gates, the famous computer magnate, who topped the list for many years, is the second.* (Literally: Bill Gates, the famous computer magnate, who already many years holds the palm of the first place, is the second)

Его состояние оценивается в 53 миллиарда долларов. = *His wealth is estimated at 53 billion dollars.*

На третьем месте американский инвестор Уоррен Баффет, который имеет капитал в 47 миллиардов долларов. = *The famous American Investor Warren Buffett with an estimated fortune of 47 billion dollars is in third place.*

Родители Карлоса Слима – арабские эмигранты из Ливана. = *The parents of Carlos Slim are Arabic immigrants from Lebanon.*

Когда Карлос ещё был подростком, он начал играть на бирже, и в 17 лет он уже имел свой первый миллион. = *When Carlos was a teenager he started to trade on the stock market, and at the age of 17 he already had his first million.*

Сегодня Слим - хозяин самой большой в Мексике телефонной компании. = *Nowadays Slim is the owner of the biggest telephone company in Mexico.*

Ему принадлежат рестораны, торговые центры, пенсионные фонды и авиакомпании. = *He owns restaurants, shopping centers, retirement funds, and airline companies.* (Literally: To him belong restaurants...)

Главный миллиардер планеты инвестирует в строительство и торговлю. = *The main billionaire of the planet is investing into construction and the sales market.*

В прошлом 2009 году он купил долю в компании «Нью-Йорк Таймс». = *Last year he bought shares of the New York Times.*

Слима часто критикуют за то, что он сделал свои миллиарды в стране, где половина населения живёт меньше, чем на 5 долларов в день. = *Slim is often criticized for the fact that he made his billions in a country, where half of the population live on $5 a day.*

«Я не Санта Клаус, и благотворительность не решит проблему бедности», – сказал как-то миллиардер. = *I am not Santa Clause, and charity will not solve the poverty problem, said the billionaire once.*

Но, когда в 2007 году умерла его любимая жена, он стал филантропом. = *But, when in 2007, his dear wife passed away, he became a philanthropist.*

Теперь каждый год он перечисляет миллионы долларов на программы в области образования и здравоохранения. = *Now every year he donates millions of dollars to education and medical foundations.*

«Если я умру, то с собой не возьму ничего», – говорит Слим теперь. = *"If I die, I will take nothing with me," – says Slim now.*

Когда Андрей был маленьким мальчиком, он любил играть со своей собакой. = *When Andrey was a little boy he liked to play with his dog.*

Извините, скажите пожалуйста, здесь есть где-то недалеко цветочный магазин? = *Excuse me, can you, please, tell me, is there a flower shop near here?*

Нет, здесь нет цветочного магазина, но вот видите, универсам? = *No, there is no flower shop here, but can you see the supermarket there?*

В нём, на первом этаже есть цветочный отдел. = *It has a flower department on the first floor.*

Superlative Adjectives

There are 2 degrees of comparison in Russian: Comparative and Superlative. In Lesson 5 you learned about Comparative Adjectives.

Это маленькая собака. = *This is a small dog.*

Эта собака **больше**. = *This dog is bigger*. (**больше** is a Comparative Adjective)

A Superlative Adjective indicates that the quality is the highest possible. In order to form a Superlative Adjective, you simply need to put the word **самый** in front of the adjective.

Эта собака **самая большая**. = *This dog is the biggest.* (**самая большая** is a Superlative Adjective)

Саша **самый высокий** у нас в классе. = *Sasha is the tallest in our class.*

Instrumental Case

Question words:

Кем? = (as) Who?

Чем? = (as) What?

The Instrumental case is used:

1. To describe **an instrument** by which an action is performed:

   Я пишу карандашом. = *I am writing **with a pencil**.*

2. To describe a person/object **with whom/which** somebody/ something is interacting:

   Я говорю **с Иваном**. = *I am talking to/with Ivan.* (somebody **with somebody**)

   Я люблю кофе **с молоком**. = *I like coffee with milk.* (something **with something**)

3. After certain prepositions that describe a **position in space**:

   под = *under;* **над** = *above;* **перед** = *in front of;* **за** = *behind*;

   рядом с = *next to* **между** = *between*

   Стол стоит **под окном**. = *The table is standing next to (under) the window.*

4. To describe one's **profession**:

   Михаил работает **геологом**. = *Michael is a **Geologist**.* (works **as a Geologist**)

5. After the verb **быть** = to be.

Most of the time the verb **быть** = to be' is not used in the Present Tense.

   Мой брат инженер. = *My brother is an engineer.*

It is always used in the Past and Future tenses. And, when the verb **быть** is used, it requires the Instrumental case.

Мой брат **был** инженер**ом**. = *My brother used to be an engineer.*

Мой брат хочет **быть** инженер**ом**. = *My brother wants to be an engineer.*

Мой брат **будет** инженер**ом**. = *My brother will be an engineer.*

6. After the verb **становиться/стать** = to become

Я **стану** врач**ом**. = *I will become a doctor.*

Он **стал** филантроп**ом**. = *He became a philanthropist.*

Instrumental Adjectives and Possessive Pronouns

Instrumental Masculine and Neuter Adjectives

🕴	☀	-ым/им	
Nominative	Instrumental		
Adjective, Pronoun	Question	Adjective, Pronoun	
свой/мой/ твой/ ваш/наш сын	как**им**?	сво**им**/мо**им**/тво**им** ваш**им**/наш**им** сын**ом**	
его/её/их брат	как**им**?	его/её/их брат**ом**	
маленьк**ий** мальчик	как**им**	маленьк**им** мальчик**ом**	
бел**ое** вино	как**им**?	бел**ым** вин**ом**	

Instrumental Feminine Adjectives

-ой/ей		
Nominative	**Instrumental**	
Adjective, Pronoun	Question	Question
своя/моя/ твоя/ ваша/наша дочь	как**ой**?	сво**ей**/мо**ей**/тво**ей**/ ваш**ей**/наш**ей** дочерью
его/её/их мать	как**ой**?	его/её/их мате**рью**
маленькая девочка	как**ой**?	маленьк**ой** девочк**ой**
синяя машина	как**ой**?	син**ей** машин**ой**

As you see from the table the Instrumental Possessive Pronouns take **-им** (masculine) and **-ей** (feminine) endings.

The Instrumental Adjectives take **-ым/им** (masculine) and **-ой/ей** (feminine) endings.

Notice that the words **мать** and **дочь** have irregular endings in the Instrumental. These two words are irregular. Look at the following table.

Case	Noun	Noun
Nominative	мать	дочь
Genitive	матер**и**	дочер**и**
Dative	матер**и**	дочер**и**
Accusative	мать	дочь
Instrumental	мате**рью**	доче**рью**
Prepositional	матер**и**	дочер**и**

Виктор, вы поговорили с матерью или с дочерью? =
Victor, did you talk with the mother or with the daughter?

Я сначала поговорил с матерью, а потом с дочерью.
= First I talked with the mother and then with the daughter.

Verbs «становиться/стать»

становиться/стать = *to become*

In this pair the verb **становиться** is imperfective, therefore it has Present, Past and Future tense. The verb **становиться** is a regular reflexive verb.

Present Tense

я	ты	он/она/оно	мы
становлюсь	становишься	становится	становимся
	вы	они	
	становитесь	становятся	

The verb **стать** is a perfective one, therefore it does not have a present form.

Past Tense

становиться			
он	она	оно	они
становился	становилась	становилось	становились
стать			
он	она	оно	они
стал	стала	стало	стали

Future Tense

становиться			
я	ты	он/она/оно	мы
я буду становиться	ты будешь становиться	будет становиться	будем становиться
	вы	они	
	будете становиться	будут становиться	
стать			
я	ты	он/она/оно	мы
стану	станешь	станет	станем
	вы	они	
	станете	станут	

Adverbs with Particle «то»

The particle **то,** when added to an adverb, indicates uncertainty. It can be translated into English as 'some'.

кто-то = *someone*   что-то = *something*

где-то = *somewhere*   как-то = *once* (Literally: somehow)

Урок 13

Медицина = *Healthcare*

Раньше, в бывшем Советском Союзе, медицина была бесплатной, и люди к этому привыкли. = *Healthcare in the former Soviet Union was free, and people got used to it.*

Любой человек мог бесплатно вызвать врача на дом, если у него были определённые симптомы: высокая температура, боли в сердце, травма и т.д. (так далее) = *Any person could make a house call for a doctor if he had certain symptoms: a fever (high temperature), heart pain, trauma, etc.*

Эта привилегия существует и сейчас. = *And this privilege still exists now.*

Она кажется естественной каждому русскому человеку. = *It seems natural to every Russian person.*

Нужно только знать номер вашей поликлиники и иметь страховой полис, который вы получаете бесплатно по месту прописки. = *You need to know only the number of your clinic and have insurance, which is given for free according to the record of place of your residence.*

Если вам нужна срочная помощь, и вы в этот момент находитесь далеко от дома, то вы можете вызвать скорую помощь. = *In the case of emergency and if you are far away from your home, you can call for an ambulance.*

Это тоже абсолютно бесплатно. = *It is also absolutely free.*

В России также существует платное медицинское обслуживание. = *There is also paid healthcare service in Russia.*

И об этом всё время говорят россияне. = *Russians talk about that all the time.*

Некоторые медицинские эксперты считают, что цель бесплатной медицины - делать людей здоровыми, а платной – получать прибыль. = *Some experts think that the goal of free healthcare is to make people healthy, and the paid* (healthecare) *– to make a profit.*

Другие, напротив, вспоминают народную мудрость: «Бесплатный сыр - только в мышеловке». = *Others, on the contrary, remember the old wisdom: "There is no such thing as a free lunch".* (Literally: Free cheese is only in the mouse trap.)

В любом случае в России существует и платное и беспланое медицинское обслуживание, и каждый выбирает сам то, что ему лучше. = *Anyway, there is free healthcare and there is paid healthcare in Russia, and everyone chooses* (by himself) *which is best for him.*

регистратура = *reception (office)*

Добрый день! У меня ребёнок заболел. = *Good afternoon! My child got sick.*

Мне нужно вызвать врача на дом. = *I need a doctor to come to my house.*

Одну минуту. = *One minute, please.*

Работник регистратуры переводит звонок. = *The front desk receptionist transfers the call.*

Вызов врача на дом. = *House call Physicians.*

Здравствуйте. У меня заболел ребёнок. = *Hello. My child got sick.*

Что с ним? = *What happened?*

У него температура и болит горло. = *He has a fever and a sore throat.*

Какая у него температура? = *What is his temperature?*

38,9 (тридцать восемь и девять). = *Thirty eight point nine.*

Фамилия, имя отчество ребёнка. = *Your child's first name, patronymic and last name.*

Сколько лет вашему ребёнку? = *How old is your child?*

Ваш адрес. = *Your address.*

Улица Школьная 5, кв.5. = *Shkolnaya Street, house # 5, Apartment #5.*

Кто ваш участковый врач? = *Who is your district doctor?*

Осипова. = *Osipova.*

Хорошо, ждите, врач будет сегодня в первой половине дня. = *OK, the doctor will arrive before 12 o'clock.* (Literally: in the first half of the day.)

Dative Case

Question words:

Кому? = (to) Who?

Чему? = (to) What?

The Dative case is used:

1) To describe an **indirect object**, to whom or to which an action is directed

Я пишу письмо **своему другу**. = *I am writing a letter **to my friend**.*

2) After prepositions **по** and **к**

по = *along, around, via*

Мы сейчас гуляем по парку. = *We are walking in the park.*

Машина едет по дороге. = *The car is going along the road.*

Нина разговаривает по **телефону**. = *Nina is talking on the phone.*

к = *towards*

Я иду к столу. = *I am going towards the table.*

The preposition **к** is often used with the expression в гости.

Мы вчера ходили в гости **к моей сестре**. = *Yesterday we visited my sister.*

3) To describe age

Мне 35 лет. = *I am 35.* (To me is 35)

When you talk about age, keep in mind that the word 'year' has an irregular plural form.

1 - год

2, 3, 4 - года

5..... 20, много - лет

4) With the verb **нравиться** = to like

Verb 'нравиться'

You already know the verb **любить** (to love). The Russian verb, that corresponds to the English verb 'to like' is **нравиться**. The sentence structure with this verb is very different from the structure with the verb **любить** (to love).

нравиться/понравиться = *to be pleasing to*

Things that you **like** should be in the Nominative. Those things **are pleasing** to you.

Things that you **love** should be in the Accusative.

Я люблю этого **человека** (Acc.). = *I love this person.*

Мне нравится этот **человек** (Nom.). = *I like this person.*

Мне нравятся эти книги. = *I like these books.* (Literally: these books are pleasing to me.)

Я думаю, что я нравлюсь **этому молодому человеку**. = *I think this guy likes me.*

Present Tense

я	ты	вы	они
нравлюсь	нравишься	нравитесь	нравятся

Past Tense

	она	оно	они
нравиться	нравилась	нравилось	нравились

Future Tense

я	ты	вы	они
буду нравиться	будешь нравиться	будете нравиться	будут нравиться

Dative Adjectives and Possessive Pronouns

	☀ -ому/ему	
Nominative	Dative	
	Question	
свой/мой/ твой/ ваш/наш сын	какому?	своему/моему/твоему вашему/нашему сыну
его/её/их брат		его/её/их брату
маленький мальчик		маленькому мальчику
белое вино		белому вину
	♀ -ой/ей	
своя/моя/ твоя/ ваша/наша дочь	какой?	своей/моей/твоей/ вашей/нашей дочерью
его/её/их мать		его/её/их матерью
маленькая девочка		маленькой девочкой
синяя машина		синей машиной

Verbs 'болеть/заболеть'

болеть/ заболеть = to *be sick, to hurt*

There are two meanings of this verb pair: 1) кто-то болеет; 2) что-то болит.

В зависимости от значения, эти глаголы спрягаются по-разному.

1) Кто-то болеет. = *Somebody is sick.*

Спряжение пары «болеть/заболеть»

настоящее время					
я	ты	он/она/оно	мы	вы	они
болéю	болéешь	болéет	болéем	болéете	болéют
прошедшее время					
он		она		оно	они
болéл		болéла		болéло	болéли
заболел		заболела		заболело	заболели
будущее время					
я	ты	он/она/ оно	мы	вы	они
буду болéть	будешь болеть	будет болеть	будем болеть	будете болеть	будут болеть
заболею	заболеешь	заболеет	заболеем	заболеете	заболеют

As you see form the table, in this meaning the verbs **болеть**[1]**/заболеть** are *first conjugation regular verbs.*

Мой ребёнок болеет. = *My child is sick.*

Не бойся, я не заболею! = *Don't worry, I won't get ill!*

2) Что-то болит. = *Something hurts.*

Спряжение пары «болеть/заболеть»

настоящее время					
я	ты	он/она/оно	мы	вы	они
-	боли́шь	боли́т	боли́м	боли́те	боля́т
прошедшее время					
он		она		оно	они
болéл		болéла		болéло	болéли
заболéл		заболéла		заболéло	заболéли
будущее время					
я	ты	он/она/оно	мы	вы	они
-	будешь болéть	будет болеть	будем болеть	будете болеть	будут болеть
-	заболишь	заболит	заболим	заболите	заболят

---

[1] Consult the table on the website: RussianStepByStep.com, if you are unsure about the endings.

In this meaning the verbs are mostly used with the third person (singular and plural).

Что у вас болит? = *Where does it hurt?*

У меня болит горло. = *I have a sore throat.* (Literally: At me hurts throat.)

У него заболели уши. = *He got an earache.*

От солнца могут заболеть глаза. = *The sun can hurt your eyes.*

«Да что ж ты так болишь!» – сказал я своему зубу. = *"Why do hurt me so badly!" = I said to my tooth.*

Verbs 'привыкать/привыкнуть'

The verbs **привыкать/привыкнуть** are another ones that require the Dative Case.

привыка́ть/привы́кнуть = to get used to

Present Tense

я	ты	вы	они
привыка́ю	привыка́ешь	привыка́ете	привыка́ют

Past Tense

он	она	оно	они
привыка́л	привыка́ла	привыка́ло	привыка́ли
привы́к	привы́кла	привы́кло	привы́кли

Future Tense

я	ты	вы	они
бу́ду привыка́ть	бу́дешь привыка́ть	бу́дете привыка́ть	бу́дут привыка́ть
привы́кну	привы́кнешь	привы́кните	привы́кнут

Челове́к ко всему́ привыка́ет. = *A person gets used to everything.*

Я не мог привы́кнуть к э́тому. = *I could not get used to this.*

Аудиотексты

Audio MP3 files

You might, probably, noticed that the book has such signs: | **T 1** |

This sign | **T 2** | stands for the number of an audio track.

If this sign is after a command (see T 1), it means that the script is exactly like in the Main Course. So, you can go and find it in the corresponding lesson. If the sign is before a command (see T 2), the script is in this section.

Первый урок

Слушайте! | **T 1** |

| **T 2** | А сейчас слушайте и отвечайте!

Максим живёт в большом городе или в маленьком? Максим живёт в большом городе.

В каком городе живет Максим? Максим живёт в Санкт-Петербурге.

Он учится в Московском университете? Нет, он учится не в Московском университете.

Он учится в Санкт-Петербургском университете? Да, он учится в Санкт-Петербургском университете.

Простите, в каком университете учится Максим? Он учится в Санкт-Петербургском университете.

Максим учится на юридическом факультете? Нет, Максим учится не на юридическом факультете.

Максим учится на экономическом факультете? Да, Максим учится на экономическом факультете.

Простите, на каком факультете он учится? Он учится на экономическом факультете.

Он живёт в гостинице или в студенческом общежитии? Он живёт в студенческом общежитии.

Он там живёт один? Нет, он там живёт не один.

Кто ещё живёт с Максимом в комнате? Ещё с ним в комнате живут два парня.

Извините, сколько ещё парней живёт с Максимом в комнате? Ещё с Максимом в комнате живут два парня.

На каком этаже живут Максим, Андрей и Сергей? Максим, Андрей и Сергей живут на третьем этаже.

Они обычно обедают в кафе? Нет, они обычно не обедают в кафе.

Почему они не обедают в кафе? Они обычно не обедают в кафе, потому что обедать в кафе дорого.

Куда сейчас идут Максим с Сергеем? Максим с Сергеем сейчас идут в магазин.

Они хотят купить книги? Нет, они не хотят купить книги.

Что они хотят купить в магазине? Они хотят купить продукты в магазине.

А теперь слушайте и повторяйте! | T 3 |
(See text 1)

Слушайте диалог! (Listen to the dialogue!) | T 4 |

| T 5 | А теперь слушайте и отвечайте!

С кем разговаривает Максим? Максим разговаривает с

Сергеем.

У них есть картошка? Нет, у них нет картошки.

Максим говорит, что надо купить картошку, потому что у них нет картошки, да? Да, Максим говорит, что надо купить картошку, потому что у них нет картошки.

У них есть чай? Нет, у них нет чая.

Максим говорит, что надо купить чай, потому что у них нет чая, да? Да, Максим говорит, что надо купить чай, потому что у них нет чая.

У них есть сахар? Нет, у них нет сахара.

Максим говорит, что надо купить сахар, потому что у них нет сахара, да? Да, Максим говорит, что надо купить сахар, потому что у них нет сахара.

У них есть консервы? Да, у них есть консервы.

Какие консервы у них есть? У них есть килька в томате.

Сколько банок кильки в томате у них есть? У них есть одна банка кильки в томате.

Что они хотят купить к чаю? Они хотят купить к чаю два батона и варенье.

Сколько батонов они хотят купить к чаю? Они хотят купить к чаю один батон.

Отлично!

Упражнение 2　　| **Т 7** |

Слушайте! **Т 6**

А теперь слушайте и отвечайте на вопросы. **Т 8**
(And now listen and answer the questions.)

Светлана студентка или школьница? Она школьница.

Она учится в одиннадцатом классе? Нет, она учится не в одиннадцатом классе.

В каком классе она учится? Она учится в двенадцатом классе.

Светлана хочет поступить в университет? Да, Светлана хочет поступить в университет.

Куда хочет поступить Светлана? Светлана хочет поступить в университет.

Светлана хочет поступить на экономический факультет? Нет, Светлана не хочет поступить на экономический факультет.

На какой факультет хочет поступить Светлана? Светлана хочет поступить на филологический факультет.

Что любит Света? Света очень любит языки.

Света говорит по-английски? Да, она говорит по-английски.

А ещё на каком языке говорит Света? Она ещё говорит на украинском и немного на испанском.

С кем Света разговаривает на украинском? Она разговаривает на украинском с бабушкой.

Где живёт её бабушка? Её бабушка живёт на Украине.

Где Светлана изучает испанский язык? Она ходит на

курсы при университете.

Извините, она ходит на курсы при школе?   Нет, она ходит на курсы при университете.

Хорошо!

Упражнение 4 а) | **Т 9** |

Упражнение 4 б) | **Т 10** |

Замечательно!

Второй урок

Слушайте! | **Т 11** |

| **Т 12** | А теперь слушайте и отвечайте на вопросы.

Светлана живёт в многоэтажном доме? Да, Светлана живёт в многоэтажном доме.

В каком доме живёт Светлана?   Светлана живёт в многоэтажном доме.

Светлана живёт на Цветочной улице? Нет, Светлана не живёт на Цветочной улице.

Светлана живёт на Садовой улице? Да, Светлана живёт на Садовой улице.

На какой улице живёт Светлана?   Светлана живёт на

Садовой улице.

На какой улице и в каком доме живёт Светлана? Светлана живёт на Садовой улице в многоэтажном доме.

Её подруга Юля живёт в соседнем подъезде? Да её подруга Юля живёт в соседнем подъезде.

Где живёт её подруга? Её подруга живёт в соседнем подъезде.

Сколько подъездов у них в доме: пять или шесть? У них в доме шесть подъездов.

Кто живёт в первом подъезде: Света или Юля? Света живёт в первом подъезде.

В каком подъезде живёт Юля? Юля живёт во втором подъезде.

Девочки ходят в школу пешком или ездят на автобусе? Девочки ходят в школу пешком.

Их школа находится недалеко? Да, их школа находится недалеко.

Их школа находится на соседней улице? Да, их школа находится на соседней улице.

Где находится их школа? Их школа находится на соседней улице.

Сколько дней в неделю учатся девочки? Девочки учатся 5 дней в неделю.

У них каждый день разное расписание? Да, у них каждый день разное расписание.

Сколько уроков у них в понедельник, в среду и в пятницу?

В понедельник, в среду и в пятницу у них 5 уроков.

Сколько уроков у них во вторник и в четверг? Во вторник и в четверг у них 6 уроков.

А теперь слушайте и повторяйте!
(See text 11)

| T 13 |

Слушайте диалог! | T 14 |

| T 15 | А сейчас слушайте и отвечайте!

Девочки вчера писали сочинение? Да, девочки вчера писали сочинение.

Что вчера писали девочки? Девочки вчера писали сочинение.

Юля писала сочинение 3 часа? Да, Юля писала сочинение 3 часа.

Сколько времени потратила Юля на сочинение? Юля потратила на сочинение 3 часа.

Сколько времени потратила Света на сочинение? Света потратила на сочинение 2 часа.

Кого видят девочки? Девочки видят Макса.

У Макса серьга на правой или на левой брови? У Макса серьга на правой брови.

Когда Макс проколол себе бровь: на этой неделе или на прошлой? Макс проколол себе бровь на прошлой неделе.

Когда Макс проколол себе бровь? Макс проколол себе бровь на прошлой неделе.

Что проколол себе Макс на прошлой неделе? Макс

проколол себе бровь.

Очень хорошо!

Упражнение 6 Т 16

Упражнение 8 Т 17

Слушайте диалог в магазине. Т 18

Т 19 А сейчас слушайте и отвечайте!

Что покупает мужчина? Мужчина покупает компьютер.

Он покупает компьютер себе? Нет, он покупает компьютер не себе.

Кому он покупает компьютер? Он покупает компьютер брату.

Он себе уже купил компьютер? Да, он себе уже купил компьютер.

Когда он себе купил компьютер? Он себе купил компьютер в прошлом году.

Замечательно!

Отлично!

Третий урок

Слушайте! T 20

T 21 А теперь слушайте и отвечайте на вопросы!

Кто такие полиглоты? Полиглоты – это люди, которые знают много языков.

Сколько языков знает полиглот? Ну, по крайней мере пять.

Полиглот говорит, что он знает язык, если он понимает его? Нет, полиглот говорит, что он знает язык, если он говорит на нём свободно.

В мире много полиглотов? Да, достаточно много.

Сколько языков знал Будда? Будда знал 105 языков.

А сколько языков знал пророк Магомет? Пророк Магомет знал все языки мира.

А в наше время есть полиглоты? Да, конечно есть.

Сколько языков знает Вилли Мельников? Вилли Мельников знает 103 языка.

Вилли Мельников номинант какой книги? Вилли Мельников – номинант книги рекордов Гиннеса.

Извините, почему Вилли – номинант книги рекордов Гиннеса? Вилли Мельников – номинант книги рекордов Гиннеса, потому что он знает 103 языка.

Что нужно делать, чтобы быстро выучить язык? Чтобы быстро выучить язык, нужно заниматься каждый день.

Что ещё нужно делать, чтобы быстро выучить язык? Чтобы

быстро выучить язык, нужно всегда учить фразы в контексте.

Что ещё нужно делать, чтобы быстро выучить язык? Чтобы быстро выучить язык, нужно всегда учить только правильные фразы.

Что ещё нужно делать, чтобы быстро выучить язык? Чтобы быстро выучить язык, нужно не сдаваться, если что-то не получается.

А теперь слушайте и повторяйте! | T 22 |

(See text 20)

Слушайте и повторяйте! | T 23 |

Упражнение 12 | T 24 |

Слушайте диалог! | T 25 |

Слушайте и повторяйте!
(See the dialogue above) | T 26 |

Слушайте и повторяйте! | T 27 |

Упражнение 14 | T 28 |

Четвёртый урок

Слушайте! | T 29 |

| T 30 | А теперь слушайте и отвечайте на вопросы!

Кто Джон Смит по профессии? Джон Смит – бизнесмен.

Его деловые партнёры находятся в Нью Йорке? Нет, его деловые партнёры находятся не в Нью Йорке.

Где находятся его деловые партнёры? Его деловые партнёры находятся в Москве.

Они пригласили Джона в гости? Да, они пригласили Джона в гости?

Куда пригласили Джона его деловые партнёры? Его деловые партнёры пригласили Джона в гости.

Где сейчас находится Джон? Джон сейчас находится в аэропорту.

В каком аэропорту сейчас находится Джон? Джон сейчас находится в московском аэропорту Шереметьево.

Джон должен пройти паспортный контроль? Да, Джон должен пройти паспортный контроль.

Что должен пройти Джон? Джон должен пройти паспортный контроль.

Что ещё должен пройти Джон? Джон ещё должен пройти досмотр багажа.

Джон должен пройти паспортный контроль и досмотр багажа, да? Да, Джон должен пройти паспортный контроль и досмотр багажа.

Джон заполнил таможенную декларацию? Да, Джон заполнил таможенную декларацию.

Где Джон заполнил таможенную декларацию? Джон заполнил таможенную декларацию ещё в самолёте.

Что у Джона в правой руке? У Джона в правой руке чемодан.

Что у Джона в левой руке? У Джона в левой руке дорожная сумка.

А теперь слушайте и повторяйте!

(See text 29)

| T 31 |

Слушайте диалог!

| T32 |

А теперь слушайте и повторяйте!

(See the dialogue above)

| T 33 |

Поговорим!

| T 34 |

Упражнение 19

| T 35 |

Очень хорошо!

Пятый урок

Слушайте! | T 36 |

| T 37 | А теперь слушайте и отвечайте на вопросы!

Общественный транспорт есть в каждом городе России? Да, общественный транспорт есть в каждом городе России?

Когда обычно начинается движение транспорта? Движение

транспорта обычно начинается где-то в 5:30 утра.

Когда обычно кончается движение транспорта? Движение транспорта обычно кончается в час ночи.

Что дешевле: ездить на общественном транспорте или ездить на машине? Ездить на общественном транспорте дешевле.

Большинство людей ездят на работу на машине или на общественном транспорте? Большинство людей ездит на работу на общественном транспорте.

Почему большинство людей ездит на работу на общественном транспорте? Большинство людей ездит на работу на общественном транспорте, потому что это дешевле, а иногда и быстрее.

Жетоны на метро продаются в вестибюле метро или в киоске на улице? Жетоны на метро продаются в вестибюле метро.

Билет можно купить в транспорте у водителя? Да, билет можно купить в транспорте у водителя.

А можно купить билет в киоске на остановке? Да, билет можно купить в киоске на остановке.

Билет можно купить в транспорте у водителя или в киоске на остановке, да? Да, билет можно купить в транспорте у водителя или в киоске на остановке.

Где можно купить билет? Билет можно купить в транспорте у водителя или в киоске на остановке.

Где продаются проездные билеты на автобус? Проездные билеты на автобус продаются в киоске на улице.

В общественном транспорте существует система льгот? Да, в общественном транспорте существует система льгот.

Кто может ездить бесплатно в общественном транспорте? Бесплатно в общественном транспорте могут ездить пенсионеры и школьники.

Хорошо!

А сейчас слушайте и повторяйте!
(See text 36)

| T38 |

Слушайте! | T 39 |

| T 40 | А теперь слушайте и отвечайте на вопросы!

Куда сейчас едет Максим? Максим сейчас едет в университет.

На чём Максим едет в университет? Максим едет в университет на автобусе.

Он должен заплатить за проезд? Да, он должен заплатить за проезд.

Максим сидит далеко или близко от водителя? Максим сидит далеко от водителя.

Максим сидит далеко от водителя, поэтому он просит другого пассажира передать деньги на билет, да? Да, Максим сидит далеко от водителя, поэтому он просит другого пассажира передать деньги на билет.

О чём Максим просит другого пассажира? Максим просит другого пассажира передать деньги на билет.

Отлично!

А теперь слушайте и повторяйте! | **T41**
(See text and dialogue 39)

Слушайте! | **T 42**

А теперь слушайте и повторяйте! | **T 43**
(See text and dialogue 42)

Очень хорошо!

Слушайте! | **T 44**

А теперь слушайте и повторяйте! | **T 45**
(See dialogue 44)

Упражнение 24 | **T 46**

Отлично!

Шестой урок

Слушайте! | **T 47**

T 48 | А теперь слушайте и отвечайте на вопросы!

Светлана и Николай работают в одной компании? Да, Светлана и Николай работают в одной компании.

В какой компании работают Светлана и Николай?

Светлана и Николай работают в небольшой рекламной компании.

Светлана – стройная девушка? Да, Светлана – стройная девушка.

У неё волосы короткие или длинные? У неё короткие волосы.

А какого цвета у Светланы волосы? У Светланы русые волосы.

Какие у Светланы глаза? У Светланы яркие голубые глаза.

У Светланы нос прямой или курносый? У Светланы прямой нос.

Кем работает Светлана? Светлана работает менеджером.

Кем работает Николай? Николай работает дизайнером.

Он высокий? Нет, он не высокий.

Николай - крепкий или худощавый? Николай - крепкий молодой человек.

Какой у Николая нос: мясистый или орлиный? У Николая орлиный нос.

На кого похож Николай? Николай похож на своего дедушку.

Его дедушка – русский или грузин. Его дедушка – грузин.

Николай похож на своего дедушку- грузина, да? Да, Николай похож на своего дедушку- грузина.

А теперь слушайте и повторяйте! | T 49 |
(See text 47)

Слушайте диалог! $\boxed{\textbf{T 50}}$

$\boxed{\textbf{T 51}}$ А теперь слушайте и отвечайте на вопросы!

Куда Николай хочет пригласить Свету в обеденный перерыв? В обеденный перерыв Николай хочет пригласить Свету в кафе.

Как называется это кафе? Это кафе называется «Домашняя еда».

Это кафе открылось на этой неделе или на прошлой? Это кафе открылось на прошлой неделе.

Оно находится далеко или на соседней улице? Оно находится на соседней улице.

Простите, где находится кафе «Домашняя еда»? Кафе «Домашняя еда» находится на соседней улице.

С кем Света должна встретиться в обед? Света должна встретиться в обед с клиентом.

Света хочет пойти с Колей в кафе? Да, Света хочет пойти с Колей в кафе.

Света хочет пойти с Колей в кафе, поэтому она хочет перенести встречу на другое время, да? Да, Света хочет пойти с Колей в кафе, поэтому она хочет перенести встречу на другое время.

Извините, почему Света хочет перенести встречу с клиентом на другое время? Света хочет перенести встречу с клиентом на другое время, потому что она хочет пойти с Колей в кафе.

А теперь слушайте и повторяйте! | **T 52**
(See dialogue 50)

Слушайте! | **T 53**

А теперь слушайте и повторяйте! | **T 54**
(See dialogue 53)

Упражнение 31 | **T 55**

Отлично!

Седьмой урок

Слушайте! | **T 56**

T 57 | А теперь слушайте и отвечайте на вопросы!

Куда едет Николай Николаевич? Николай Николаевич едет в Москву.

Он едет в Москву в командировку или в гости? Он едет в Москву в командировку.

Какой сегодня день недели: четверг или пятница? Сегодня четверг.

Когда Николай Николаевич должен быть в Москве? Николай Николаевич должен быть в Москве в понедельник.

Николай Николаевич решил приехать в Москву на два дня раньше, да? Да, Николай Николаевич решил приехать в Москву на два дня раньше.

Где живёт брат Николая Николаевича? Брат Николая Николаевича живёт в Москве.

Как обычно Николай Николаевич ездит в Москву? Обычно Николай Николаевич ездит в Москву на поезде.

Николай Николаевич сейчас стоит у окошка кассы? Да, Николай Николаевич сейчас стоит у окошка кассы.

Он хочет купить билет в Москву или в Санкт-Петербург? Он хочет купить билет в Москву.

Куда хочет купить билет Николай Николаевич? Николай Николаевич хочет купить билет в Москву.

А теперь слушайте и повторяйте! (See text 56)

| T 58 |

Слушайте!

| T 59 |

А теперь слушайте и повторяйте! (See dialogue 59)

| T 60 |

Упражнение 35

| T 61 |

| T 62 | Смотрите на расписание поездов с Курского вокзала и отвечайте на вопросы!

С какого пути отправляется поезд №129? Поезд №129 отправляется со второго пути.

С какого пути отправляется поезд № 065? Поезд № 065

отправляется с восьмого пути.

С какого пути отправляется поезд № 105? Поезд № 105 отправляется с пятого пути.

С какого пути отправляется поезд № 111? Поезд № 111 отправляется с десятого пути.

С какого пути отправляется поезд № 099? Поезд № 099 отправляется с первого пути.

С какого пути отправляется поезд № 116? Поезд № 116 отправляется с четвёртого пути.

С какого пути отправляется поезд № 048? Поезд № 048 отправляется со девятого пути.

С какого пути отправляется поезд № 019? Поезд № 019 отправляется с третьего пути.

С какого пути отправляется поезд № 125? Поезд № 125 отправляется с шестого пути.

Очень хорошо!

Восьмой урок

Слушайте! | T 63 |

| T64 | А теперь слушайте и отвечайте на вопросы!

Когда сегодня пришёл домой Николай Николаевич? Николай Николаевич сегодня пришёл домой в 7 часов.

Что Николай Николаевич сделал потом? Потом Николай Николаевич поужинал.

Что он сделал потом? Потом он заказал такси по телефону.

Когда позвонил брат Николая Николаевича: когда Николай Николаевич ужинал или когда он заказывал такси? Брат Николая Николаевича позвонил, когда Николай Николаевич ужинал.

Где Семён Николаевич обещал встретить брата? Семён Николаевич обещал встретить брата на вокзале.

Когда приехало такси: в 7:30 или в 8:30? Такси приехало в 7:30.

Что видел Николай Николаевич, когда ехал в такси? Николай Николаевич видел аварию.

Столкнулись 2 машины, и образовалась пробка, да? Да, столкнулись 2 машины, и образовалась пробка.

Почему Николай Николаевич боялся опоздать на поезд? Николай Николаевич боялся опоздать на поезд, потому что образовалась пробка.

Николай Николаевич опоздал на поезд или не опоздал? Николай Николаевич не опоздал на поезд.

Отлично!

А теперь слушайте и повторяйте!
(See text 63)

| **T 65** |

Слушайте диалог!

| **T 66** |

T 67 А теперь слушайте и отвечайте на вопросы!

Николай Николаевич уже купил билеты на поезд?   Да, Николай Николаевич уже купил билеты на поезд.

На какой поезд он купил билеты?   Он купил билеты на поезд «Соловей».

Какой у Николая Николаевича вагон?   У него седьмой вагон.

Где будет ждать Семён Николаевич своего брата?   Семён Николаевич будет ждать своего брата на платформе.

А теперь слушайте и повторяйте!
(See dialogue 66)

T 68

Слушайте!

T 69

А теперь слушайте и повторяйте!
(See sentence 69)

T 70

Упражнение 41

T 71

Упражнение 42

T 72

Отлично!

Девятый урок

Слушайте! | T 73 |

| T 74 | А теперь слушайте и отвечайте на вопросы!

Где учатся Мария и Екатерина? Мария и Екатерина учатся в университете.

У них сейчас каникулы? Да, у них сейчас каникулы?

Куда решили поехать девушки? Девушки решили поехать в Санкт–Петербург.

Девушки уже купили билеты на поезд? Да, девушки уже купили билеты на поезд.

Какая важная проблема у них осталась? Им надо найти подходящую гостиницу.

Извините, какую гостиницу им надо найти? Им надо найти подходящую гостиницу.

Хорошо!

А теперь слушайте и повторяйте! | T 75 |
(See text 73)

Слушайте диалог! | T 76 |

| T 77 | А теперь слушайте и отвечайте на вопросы!

Где девушки хотят заказать гостиницу? Девушки хотят заказать гостиницу в центре города.

Коллега Маши останавливалась в гостинице «Русь» в

прошлом году, да?   Да, коллега Маши останавливалась в гостинице «Русь» в прошлом году.

Извините, кто останавливался в гостинице «Русь» в прошлом году?   Коллега Маши останавливалась в гостинице «Русь» в прошлом году.

Маша забронировала номер на одного или на двоих? Маша забронировала номер на двоих.

Где будут завтракать девушки? Девушки будут завтракать в гостинице.

Маша забронировала стандартный номер или улучшенный? Маша забронировала стандартный номер.

Девушки будут оплачивать номер кредитной картой или наличными? Девушки будут оплачивать номер наличными.

Извините, как девушки будут оплачивать номер? Девушки будут оплачивать номер наличными.

Отлично!

А теперь слушайте и повторяйте! | T 78 |
(See dialogue 76)

Упражнение 47 | T 79 |

Упражнение 48 | T 80 |

Отлично!

Десятый урок

Слушайте! **T 81**

T 82 А теперь слушайте и отвечайте на вопросы!

Николай обычно ездит на работу на машине или ходит пешком? Николай обычно ездит на работу на машине.

Он вчера тоже ездил на работу на машине? Да, он вчера тоже ездил на работу на машине.

Николай вчера опоздал на работу или не опоздал? Николай вчера опоздал на работу.

Почему Николай вчера опоздал на работу? Николай вчера опоздал на работу, потому что стоял в пробке.

Сколько времени Николай вчера стоял в пробке? Николай вчера стоял в пробке полтора часа.

На чём сегодня Николай решил поехать на работу: на своей машине или на общественном транспорте? Сегодня Николай решил поехать на работу на общественном транспорте.

Когда сегодня Николай вышел из дома? Николай сегодня вышел из дома в 8 часов.

Николай долго ждал автобус на остановке? Нет, Николай недолго ждал автобус на остановке.

Сколько минут Николай ждал автобус. Николай ждал автобус 5 минут.

Сколько минут Николай ехал в автобусе: 15 или 40?

Николай ехал в автобусе 15 минут.

Куда пошёл Николай, когда он вышел из автобуса? Когда Николай вышел из автобуса, он пошёл в сторону метро.

Сколько жетонов Николай купил в автомате: 2 или 10? Николай купил 2 жетона.

Николай сегодня опоздал на работу? Нет, Николай сегодня не опоздал на работу!

Хорошо!

А теперь слушайте и повторяйте!   T 83
(See text 81)

Упражнение 51   T 84

Отлично!

Одиннадцатый урок

Слушайте!   T 85

Упражнение 55   T 86

А теперь слушайте и повторяйте!   T 87
(See dialogue 85)

Упражнение 56 | T 88

Слушайте! | T 89

Упражнение 58 | T 90

Отлично!

Двенадцатый урок

Слушайте! | T 91

| T 92 | А теперь слушайте и отвечайте на вопросы!

Кого назвал американский журнал «Форбс» самым богатым человеком в мире в 2012 году? Американский журнал «Форбс» назвал Карлоса Слима Элу самым богатым человеком в мире в 2010 году.

Какой журнал назвал Карлоса Слима Элу самым богатым человеком в мире. Американский журнал «Форбс» назвал Карлоса Слима Элу самым богатым человеком в мире.

На каком месте Билл Гейтс? Билл Гейтс на втором месте.

Слим инвестирует в строительство и торговлю, да? Да, Слим инвестирует в строительство и торговлю.

Извините, куда Слим инвестирует свои деньги? Слим инвестирует в строительство и торговлю.

В какой компании Слим купил долю в 2009 году? В 2009 году он купил долю в компании «Нью-Йорк Таймс».

Когда Слим стал филантропом: когда он был подростком или когда умерла его любимая жена? Слим стал филантропом, когда умерла его любимая жена.

Карлос Слим перечисляет миллионы долларов на военные программы? Нет, Карлос Слим не перечисляет миллионы долларов на военные программы.

Слим перечисляет миллионы долларов на программы в области образования и здравоохранения, да? Да, Слим перечисляет миллионы долларов на программы в области образования и здравоохранения.

Извините, на какие программы Слим перечисляет миллионы долларов? Слим перечисляет миллионы долларов на программы в области образования и здравоохранения.

А теперь слушайте и повторяйте!
(See text 91)

| T 93 |

Очень хорошо!

Упражнение 62

| T 94 |

Слушайте диалог!

| T 95 |

А теперь слушайте и повторяйте!

| T 96 |

(See dialogue 95)

Упражнение 65

Отлично!

Тринадцатый урок

Слушайте! | **T 98** |

| **T 99** | А теперь слушайте и отвечайте на вопросы!

В бывшем Советском Союзе медицина была платной или бесплатной? В бывшем Советском Союзе медицина была бесплатной.

Извините, какой была медицина в бывшем Советском Союзе? В бывшем Советском Союзе медицина была бесплатной.

Любой человек мог бесплатно вызвать врача на дом, да? Да, любой человек мог бесплатно вызвать врача на дом.

Когда человек мог вызвать врача на дом? Человек мог вызвать врача на дом, если у него были определённые симптомы.

Какие симптомы? Например, высокая температура, боли в

сердце, травма.

Извините, если у человека была высокая температура, он мог вызвать врача на дом? Да, если у человека была высокая температура, он мог вызвать врача на дом.

А сейчас человек может вызвать врача на дом, если у него высокая температура? Да, сейчас человек может вызвать врача на дом, если у него высокая температура.

Куда должен позвонить человек, чтобы вызвать врача на дом? Чтобы вызвать врача на дом, человек должен позвонить в свою поликлинику.

Что нужно делать, если вам нужна срочная помощь? Если вам нужна срочная помощь, нужно вызвать скорую помощь.

Скорая помощь в России платная или бесплатная? В России есть платная и бесплатная скорая помощь.

Отлично!

А теперь слушайте и повторяйте! **T 100**
(See text 98)

Слушайте диалог! **T 101**

T 102 А теперь слушайте и отвечайте на вопросы!

Куда звонит мама? Мама звонит в регистратуру.

Кто у неё заболел? У неё заболел ребёнок.

У ребёнка есть температура? Да, у ребёнка есть

температура.

Какая у ребёнка температура?   У ребёнка температура тридцать восемь и девять.

Что у ребёнка болит? У ребёнка болит горло.

Сколько лет ребёнку? Ребёнку десять лет.

Врач придёт сегодня или завтра? Врач придёт сегодня.

В какой половине дня придёт врач? Врач придёт в первой половине дня.

Очень хорошо!

А теперь слушайте и повторяйте! | T 103 |
(See dialogue 101)

Слушайте! | T 104 |

А теперь слушайте и повторяйте! | T 105 |
(See dialogue 104)

Упражнение 67 | T 106 |

Упражнение 70 | T 107 |

Упражнение 71 | T 108 |

Слушайте! | T 109 |

А теперь слушайте и повторяйте! | T 110 |

(See dialogue 109)

Замечательно!

Это конец тринадцатого урока и конец книги.

До свидания!

Ответы

Упражнение 1   2. В том маленьком озере много рыбы. 3. Он живёт в большом красивом городе.   4. Я не хочу говорить об этом молодом человеке.   5. Елена работает в маленьком банке.   6. Они едут в шикарном лимузине.   7. Его сын учится во втором классе. 8. Моя мама любит готовить на оливковом масле. 9. Наш начальник живёт в первом подъезде.   10. У нас места в третьем ряду.   11. Мои друзья живут на одиннадцатом этаже.   12. Он всегда обедает в этом уютном маленьком кафе.

Упражнение 2   2. Сегодня Николай Иванович обедает в кафе один.   3. Сегодня я иду в кино одна.   4. Сегодня Ирина идёт на дискотеку одна.   5. Сегодня мама едет на работу одна.   6. Сегодня вы едете в банк одни. 7. Сегодня Виктор работает один.   8. Сегодня Нина Петровна идёт на рынок одна.

Упражнение 3   2. Мари Поль говорит по-французски. Мари Поль говорит на французском.   3. Моника говорит по-немецки. Моника говорит на немецком. 4. Изабелла говорит по-итальянски. Изабелла говорит на итальянском.   5. Амир говорит по-арабски. Амир говорит на арабском.   6. Хосе говорит по-испански. Хосе говорит на испанском.   7. Сунь Чен говорит по-китайски. Сунь Чен говорит на китайском.   8. Макико говорит по-японски. Макико говорит на японском. 9. Джеймс говорит по-английски. Джеймс говорит на английском.   10. Майк говорит по-английски. Майк говорит на английском.

Упражнение 4   а)   2. При отеле есть есть ресторан.

3. При заводе есть общежитие.   4. При общежитии есть столовая.   5. При церкви есть школа.   6. При ресторане есть бильярдная комната.   7. При магазине есть парковка.   7. При вокзале есть почта.   8. При ресторане есть бассейн.

б)   2. При мне была фотография сына.   3. При них были деньги.   4. Ученики сидят тихо при учителе в классе.   5. При начальнике секретарша не болтает по телефону.   6. Я не хочу говорить об Игоре Ивановиче при Марине.

Упражнение 5   1. Максим живёт в студенческом общежитии на третьем этаже.   2. Наша комната на втором этаже.   3. На каком факультете ты учишься?   4. Максим говорит, что нам надо купить чай, потому что у нас нет чая.   5. Очень вкусно жарить картошку на подсолнечном масле.   6. У нас места в третьем ряду.   7. При общежитии есть столовая.   8. При магазине есть парковка.   9. Я не хочу говорить об Игоре Ивановиче при Марине.   10. Обычно я хожу в кино с подругой, а сегодня я иду в кино одна.   11. На каком языке Света разговаривает с бабушкой?   12. Она разговаривает с ней на украинском.

Упражнение 6   2. Я живу на Садовой улице.   3. Он сейчас живёт в маленькой стране.   4. Я говорю об известной актрисе.   5. Цветы стоят в хрустальной вазе.   6. Телевизор стоит в гостиной.   7. У Бориса часы на левой руке.   8. Он ездит на синей немецкой машине.   9. Мы говорим об итальянской опере. 10. Люди стоят на автобусной остановке.   11. Дети играют на детской площадке. 12. Мы были на очень хорошей выставке. 13. Ты говоришь о его младшей сестре. 14. Плакат висит на большой деревянной двери.

Упражнение 7 2. Церковь находится на бульваре Мира. 3. Музей находится в Центральном парке. 4. Театр находится на Театральной площади. 5. Торговый центр "Линия" находится на проспекте генерала Наумова. 6. Библиотека находится на Зелёной улице. 7. Булочная находится на улице Цветочной. 8. Парк находится на площади Победы. 9. Вокзал находится на Привокзальной площади. 10. Почта находится на улице Ленина. 11. Кафе «Весна» находится на улице Толстого. 12. Банк находится на Садовой улице.

Упражнение 8 2. Это моя подруга Моника, о которой я вам говорила. 3. Это самолёт, на котором летает Борис Иванович. 4. Это такси, на котором приехала Ирина. 5. Это стол, на котором лежит книга. 6. Это ваза, в которой стоят цветы.

Упражнение 9 2. Аня смотрит в зеркало на себя. 3. Твои родители покупают машину себе. 4. Елена говорит о себе. 5. Виктор работает на фирме у себя. 6. Лена всё время думает о себе. 7. Нина с Мариной хотят обсудить один вопрос между собой. 8. Илона любит себя.

Упражнение 10 2. На каком этаже живут мои друзья? 3. В какой квартире живёт Николай Петрович? 4. О каком проекте говорил наш менеджер? 5. В какой фирме работает брат Елены? 6. В какой квартире живёт сестра Михаила Андреевича? 7. В каком платье сегодня пришла на работу Ольга? 8. В каком упражнении есть ошибка?

Упражнение 11 1. Мой друг живёт в многоэтажном доме на седьмом этаже. 2. Каждый день у нас разное расписание. 3. Церковь находится на Садовой улице. 4. Дети играют на детской площадке. 5. Иван с Владимиром хотят решить этот вопрос между собой. 6. Марина смотрит на себя в зеркало. 7. Проект, о котором много думает Виктор, очень важный. 8. На большой деревянной двери висит плакат. 9. Где находится почта? 10. У Макса на правой брови серьга. 11. Мои родители купили себе новый холодильник.

Упражнение 12 2. Вы стрижёте её сами. 3. Она стрижёт его сама. 4. Он стрижёт нас сам. 5. Мы стрижём их сами. 6. Они стригут Елену Борисовну сами. 7. Елена Борисовна стрижёт Владимира сама. 8. Владимир стрижёт Михаила Николаевича сам. 9. Михаил Николаевич стрижёт Людмилу сам. 10. Людмила стрижёт тебя сама. 11. Ты стрижёшь брата сама. 12. Брат стрижёт меня сам. 13. Я стригу сына сама. 14. Сын стрижёт бабушку сам. 15. Бабушка стрижёт дедушку сама. 16. Дедушка стрижёт внука сам. 17. Внук стрижёт маму сам. 18. Мама стрижёт сестру сама.

Упражнение 13 2. Я вчера посмотрел очень интересный документальный фильм по телевизору.

3. Марина не сделала уроки в пятницу вечером. 4. Студент выучил новые слова. 5. Михаил Сергеевич поговорил с менеджером о вас. 6. Ирина прочитала роман Пушкина «Евгений Онегин». 7. Утром наша мама приготовила обед. 8. Молодой человек посмотрел на девушку. 9. В субботу утром Борис постриг брата.

Упражнение 14 2.Ты уже прочитал иностранный журнал. 3. Анна Николаевна уже посчитала деньги. 4. Парикмахер уже постриг клиента. 5. Борис уже написал электронное письмо другу. 6. Мы уже посмотрели балет «Лебединое озеро». 7. Ученики уже сделали упражнение номер четырнадцать. 8. Наши дети уже выучили стихи. 9. Леночка уже съела мороженое.

Упражнение 15 2. Юля ещё не написала сочинение. Она его сейчас пишет. 3. Я ещё не прочитал параграф. Я его сейчас читаю. 4. Мы ещё не пообедали. Мы сейчас обедаем. 5. Я ещё не позвонила маме. Я ей сейчас звоню. 6. Студенты ещё не выучили правило. Они его сейчас учат. 7. Аня ещё не постригла бабушку. Она её сейчас стрижёт. 8. Дети ещё не съели фрукты. Они их сейчас едят. 9. Вы ещё не сделали упражнение номер пятнадцать. Вы его сейчас делаете.

Упражнение 16 1. Вы не должны сдаваться, если что-то не получается. 2. Вы уже сделали домашнее задание? 3. Я уже написала сочинение, но я ещё не сделала математику. Я её сейчас делаю. 4. Вчера я посмотрел очень интересный фильм по телевизору.

5. Вчера Нина постригла своего пуделя. 6. В субботу утром Джон стриг газон перед домом. 7. Я читала эту книгу вчера и позавчера, но я её ещё не прочитала. 8. Мы ещё не пообедали. 9. Леночка уже съела мороженое. 10. Маленький Миша хочет сделать это сам. 11. Дети ещё не съели фрукты.

Test Yourself 1 1. Максим учится в университете на экономическом факультете. 2. Мы должны купить сахар, потому что у нас нет сахара. 3. Обычно я хожу в бассейн с Мариной, но сегодня я иду в бассейн одна. 4. Света разговаривает с бабушкой на украинском (по-украински). 5. При этом магазине есть большая парковка. 6. Секретарша не болтает при начальнике. 7. Мы живём на восьмом этаже в большом многоэтажном доме. 8. Это такси, на котором приехала Ирина. 9. Я смотрю на себя в зеркало. 10. Они хотят обсудить этот вопрос между собой. 11. Кого он любит? Он любит себя. 12. Кто любит его? Его мама его любит. 13. Я покупаю этот компьютер брату. Себе я купил его в прошлом году. 14. Полиглот говорит, что он знает язык, если он говорит на нём свободно. 15. Что нужно делать, чтобы выучить язык быстро? 16. Вы должны заниматься каждый день, всегда учить фразы в контексте и не сдаваться, если что-то не получается. 17. Раньше мы стригли пуделя в парикмахерской, а сейчас я стригу его сама. 18. Миша сделал это сам. 19. Нина, ты позвонила бабушке? Нет, я ей сейчас звоню. 20. Вчера я писал сочинение 4 часа, но я его ещё не написал.

Упражнение 17   2. Певица ещё не выучила эту новую песню.   3. Андрюша очень любит твою сестру.   4. Вы уже проверили электронную почту?   5. Машенька не хочет есть манную кашу.   6. Ученики ещё не сделали домашнюю работу.   7. Мой брат обожает испанскую гитару.   8. Джон сейчас заполняет таможенную декларацию.   9. Сегодня Игорь прочитал очень интересную статью о компиляторе.   10. Ирина на выставке видела изумительную хрустальную вазу.

Упражнение 18   2. Джон недавно купил себе шикарный белый кадиллак.   3. Нина обожает классическую музыку.   4. Вчера мы ходили в итальянский ресторан. 5. Ты уже видел нашу новую квартиру?   6. Я не знаю твою старшую сестру.   7. Наш дедушка очень любит это старое кресло.   8. Мы с братом сейчас смотрим наши детские фотографии.   9. Скажите пожалуйста, где можно купить иностранную валюту?

Упражнение 19   2. Нет, я с ней сейчас знакомлюсь. 3. Нет, я её сейчас читаю.   4. Нет, я его сейчас пишу. 5. Нет, я его сейчас стригу.   6. Нет, я его сейчас читаю. 7. Нет, я её сейчас заполняю.   8. Нет, мы их сейчас смотрим.   9. Нет, я сейчас ей говорю.

Упражнение 20   2. Кому Миша сам купил машину? 3. Кого мы не видим в зеркале?   4. Куда вчера ходили Саша с Мариной?   5. Где в среду был Николай Иванович?   6. Когда мы едем на дачу?   7. Куда Григорий пригласил Анну?   8. Какую книгу я прочитал?   9. В каком аэропорту сейчас находится

Джон? 10. Кому моя жена купила новое платье?

Упражнение 21   2. Папа возит сына в бассейн два раза в неделю.   3. В этот момент Нина летит на самолёте в Москву.   4. Куда вы сейчас идёте?   5. Николай Петрович часто ездит на работу на машине.   6. Мы всегда летаем в Нью-Йорк на самолёте.   7. Наш начальник ходит по комнате уже двадцать минут. 8. Виктор всегда возит аптечку в машине.   9. Смотри, видишь ту женщину, которая везёт ребёнка в коляске? 10. Моя бабушка не любит летать на самолёте.

Упражнение 22   1.   Он   сам   себе   купил   машину. 2. Журналисты любят скандальные истории.   3. Мы любим китайскую еду.   4. Вы везёте иностранную валюту?   5. Мы с братом сейчас смотрим свои фотографии.   6. Ольга Петровна, вы прочитали его новую книгу?   7. Скажите, пожалуйста, где я могу купить иностранную валюту. 8. В четверг мы едем на дачу. 9. Я не знаю твою старшую сестру. 10. Смотри, видишь   ту   женщину,   которая   везёт   коляску   с ребёнком? 11. Он не сделал домашнюю работу.

Упражнение 23   2. Сегодня к нам на передачу мы пригласили известного спортсмена. 3. Вчера в театре мы видели нашего начальника с женой. 4. Вы видите этого высокого мужчину?   5. Я на вашего сына и вижу, что он очень активный мальчик.   6. Мария Ивановна обожает своего рыжего кота.   7. Мой муж очень хорошо знает твоего директора.   8. Дима не знает вашего соседа.   9. Игорь не видел своего старшего брата два года. 10. Вы должны встречать каждого клиента с улыбкой.   11. Я помню своего первого учителя.

Упражнение 24   2. Кого Нина стрижёт сама? 3. Что не любит наш папа?   4. Кого хочет показать нам менеджер? 5. Кого помнит Мария Ивановна? 6. Что не помнит Катя? 7. Кого ты не понимаешь? 8. Что использует большинство людей? 9. Что купил себе Максим? 10 Кого вы должны встретить?

Упражнение 25   2. Мама пришла с работы 5 минут назад, поэтому она не приготовила обед. 3. Максим плохо написал диктант, потому что он не выучил слова. 4. Виктор Сергеевич ещё не пообедал, потому что был очень занят.   5. Владимир не заполнил таможенную декларацию в самолёте, поэтому он сейчас её заполняет. 6. Григорий подарил Ане цветы, потому что сегодня её день рождения.   7. Николай Николаевич всегда ездит на машине, потому что он не любит общественный транспорт.   8. В автобусе было много людей, поэтому Ирина стояла всю дорогу. 9. Максим всегда покупает проездной билет, потому что это дешевле.   10. Тамара хочет заплатить за проезд, поэтому она просит другого пассажира передать деньги.

Упражнение 26   2. Жираф выше, чем зебра. Зебра ниже, чем жираф. 3. Машина дороже, чем велосипед. Велосипед дешевле, чем машина. 4. Самолёт быстрее, чем машина. Машина медленнее, чем самолёт. 5. Крокодил больше, чем кот. Кот меньше, чем крокодил.   6. Мне легче читать по-русски, чем говорить по-русски.

Упражнение 27   1. Ты знаешь моего старшего брата?
2. Вы должны встречать каждого клиента с улыбкой.
3. Собака смотрит на своего хозяина.   4. Максим
купил себе проездной билет.   5. В автобусе было
много людей, поэтому Ирина стояла всю дорогу.
6. Мы не пошли на пикник, потому что шёл дождь.
7. Максим плохо написал диктант, потому что он не
выучил слова.   8. Николай Николаевич не любит
общественный транспорт, поэтому он всегда ездит на
машине. 9. Кто больше: тигр или кот? 10. Мне легче
читать по-русски, чем говорить по-русски.

Упражнение 30   2. Вы похожи на неё. 3. Она похожа на
него.   4. Он похож на нас.   5. Мы похожи на них.
6. Они похожи на Елену Борисовну.   7. Елена
Борисовна похожа на Владимира. 8. Владимир похож
на Михаила Николаевича.   9. Михаил Николаевич
похож на Людмилу.   10. Людмила похожа на тебя.
11. Ты похожа на брата.   12. Брат похож на меня.
13. Я похожа на сына.   14. Сын похож на бабушку.
15. Бабушка похожа на дедушку. 16. Дедушка похож
на внука. 17. Внук похож на маму. 17. Мама похожа
на сестру.

Упражнение 31   2. Завтра Нина пострижёт своего
пуделя.   3. Завтра Миша посмотрит интересный
французский фильм. 4. Завтра мы поедем в аэропорт
на такси. 5. Куда вы завтра пойдёте? 6. Завтра Игорь
купит себе новый компьютер.   7. Завтра студенты
выучат новые слова.   8. Завтра Оля напишет письмо

Марине. 9. Завтра бабушка приготовит ужин.

Упражнение 32 1. покупает; 2. придёт; 3. прочитаю;
4. идут; 5. напишет; 6. ест; 7. посмотрим; 8. идёте;
9. пострижёт.

Упражнение 33 1. Николай – невысокий крепкий
молодой человек. 2. У Ирины большие яркие глаза,
длинные рыжие волосы и курносый нос. 3. Эта собака
похожа на своего хозяина. 4. Я похож на своего
дедушку. 5. Куда вы завтра пойдёте? 6. Куда ты
завтра идёшь? 7. Мы посмотрим на твою новую
квартиру в воскресенье. 8. Я прочитаю вашу статью
послезавтра. 9. Я сейчас позвоню своему клиенту и
попробую перенести встречу. 10. Мой начальник
сказал, что завтра он придёт на работу в 10 часов.

Test Yourself 2 1. Он сам себе купил машину. 2. Я
смотрю на себя в зеркало. 3. Журналисты любят
скандальные истории. 4. Мы любим китайскую еду.
5. Вы везёте валюту? 6. Сейчас мы с братом смотрим
наши фотографии. 7. Ольга Петровна, вы уже
прочитали его новую книгу? 8. Скажите, пожалуйста,
где я могу купить иностранную валюту? 9. Я не знаю
вашу старшую сестру. 10. Смотри, видишь ту
женщину, которая везёт ребёнка в коляске? 11. Он не
сделал домашнюю работу. 12. Куда вы завтра едете?
13. Завтра мы едем на дачу. 14. Куда вы послезавтра
пойдёте? 15. Послезавтра мы пойдём в театр.
16. Что тебе легче: читать по-русски или говорить по-
русски? 17. Вы слышали о новом кафе? Оно
находится на соседней улице. 18. Я позвоню своему

клиенту и попробую перенести встречу. 19. Собака похожа на своего хозяина. 20. Эта девочка похожа на свою мать. У неё такие же светлые волосы, такой же курносый нос и такая же походка. 21. Ольга написала письмо своей маме.

Упражнение 34 2. Сегодня четверг. 3. Он решил приехать в Москву на два дня раньше. 4. В Москве живёт брат Николая Николаевича. 5. Он решил приехать в Москву на два дня раньше, потому что он давно не видел брата. 6. Обычно Николай Иванович ездит в Москву на поезде. 7. Сейчас Николай Николаевич стоит у окошка кассы. 8. Он хочет купить билет в Москву. 9. Он хочет купить купе. 10. Николай Николаевич хочет купить билет в Москву на восьмое августа. 11. Николай Николаевич хочет купить обратный билет на тринадцатое августа. 12. Его билеты стоят две тысячи девятьсот сорок пять рублей.

Упражнение 35 2. Это Иван Холодов. Он из России. Из какого он города? Он из Москвы. 3. Это Майк Джонсон. Он из Америки. Из какого он города? Он из Вашингтона. 4. Это Лучано Донола. Он из Италии. Из какого он города? Он из Рима. 5. Это Минь Минь Хо. Она из Китая. Из какого она города? Она из Пекина. 6. Это Франсуа Легран. Он из Канады. Из какого он города? Он из Монреаля. 7. Это Поль Мариа. Он из Франции. Из какого он города? Он из Парижа. 8. Это Галина Петренко. Она из Украины. Из какого она города? Она из Киева. 9. Это Мигель Лорка. Он из Испании. Из какого он города? Он из Мадрида.

10. Это Педро Мендоза. Он из Мексики. Из какого он города? Он из Мехико. 11. Это Ганс Крюгер. Он из Германии. Из какого он города? Он из Берлина. 12. Это Антон Ботев. Он из Болгарии. Из какого он города? Он из Софии. 13. Это Айгуль Алтынбаева. Она из Казахстана. Из какого она города? Она из Астаны.

Упражнение 36 2. Поезд № 065 Москва-Николаев отправляется из Москвы в 8:53 с восьмого пути. Поезд № 065 Москва-Николаев прибывает в Николаев в 11:42. 3. Поезд № 105 Москва-Курск отправляется из Москвы в 11:20 с пятого пути. Поезд № 105 Москва-Курск прибывает в Курск в 20:13. 4. Поезд № 111 Москва-Севастополь отправляется из Москвы в 15:00 с десятого пути. Поезд № 111 Москва-Севастополь прибывает в Севастополь в 17:10. 5. Поезд № 099 Москва-Киев отправляется из Москвы в 15:19 с первого пути. Поезд № 099 Москва- Киев прибывает в Киев в 23:23. 6. Поезд № 116 Москва-Владимир отправляется из Москвы в 18:04 с четвёртого пути. Поезд № 116 Москва-Владимир прибывает во Владимир в 20:32. 7. Поезд № 048 Москва-Омск отправляется из Москвы в 19:00 с девятого пути. Поезд № 048 Москва- Омск прибывает в Омск в 09:38. 8. Поезд № 019 Москва-Харьков отправляется из Москвы в 21:15 с третьего пути. Поезд № 019 Москва-Харьков прибывает в Харьков в 09:26. 9. Поезд № 125 Москва-Донецк отправляется из Москвы в 23:20 с шестого пути. Поезд № 125 Москва-Донецк прибывает в Донецк в 17:20.

Упражнение 37 2. Поезд № 065 отправляется из

Москвы. Поезд № 065 едет в Николаев.   3. Поезд № 105 отправляется из Москвы. Поезд № 105 едет в Курск.   4. Поезд № 111 отправляется из Москвы. Поезд № 111 едет в Севастополь.   5. Поезд № 099 отправляется из Москвы. Поезд № 099 едет в Киев. 6. Поезд № 116 отправляется из Москвы. Поезд № 116 едет во Владимир. (We add 'o' to the preposition 'в' here, because there too many consonants together.)   7. Поезд № 048 отправляется из Москвы. Поезд № 048 едет в Омск. 8. Поезд № 019 отправляется из Москвы. Поезд № 019 едет в Харьков.   9. Поезд № 125 отправляется из Москвы. Поезд № 125 едет в Донецк.

Упражнение 38   2. Пока, до вторника!   3. Пока, до среды!   4. Пока, до четверга!   5. Пока, до пятницы! 6. Пока, до субботы!   7. Пока, до воскресенья!

Упражнение 39   1. Николай должен быть в Москве в понедельник, но он решил приехать в Москву на два дня раньше.   2. Обычно я езжу на работу на машине. 3. Я тебя давно не видел!   4. Мы стоим у окошка кассы.   5. Откуда Педро Мендоза?   6. Он из Мексики. 7. Из какого он города? 8. Он из Мехико.   9. С какого пути отправляется поезд Москва-Омск?   10. Он отправляется с девятого пути.   11. Пока, Таня, до вторника!   12. Куда едет поезд номер сто двадцать девять? 13. Он едет в Симферополь.

Упражнение 40   2. позвонил;   3.   позавтракала; говорил;   5. поговорил;   6. звонил;   7. поработали; 8. почитал; поговорил; позвонил.

Упражнение 41   2. Семён Семёнович сел в троллейбус.

3. Кто это там сел в машину? 4. Они сели в трамвай на этой остановке. 5. Куда ты сел? Это не наши места. 6. Вы сели у окна? 7. Алло, мы сели в самолёт, и я больше не могу разговаривать по телефону.

Упражнение 42 2. Завтра Пётр как обычно, придёт и сядет на стул. 3. Завтра ты сядешь рядом со мной. 4. Завтра вы сядете вот здесь, справа. 5. Завтра наши друзья сядут на поезд и поедут в Москву. 6. Завтра Юля сядет у окна. 7. Завтра пассажиры сядут в самолёт. 8. Завтра в 8 часов я сяду в метро и поеду на работу. 9. Завтра мы сядем в троллейбус, и поедем на вокзал.

Упражнение 43 2. Куда мне садиться? 3. Где любит сидеть Юля, когда за окном идёт дождь. 4. Где сидят наши друзья? 5. Куда мы завтра сядем и поедем в Москву? 6. Куда вы сядете? 7. Куда садятся пассажиры? 8. Где сидел Олег и ждал Наташу?

Упражнение 44 2. Смотри, кто это там сидит? 3. Куда ты садишься? Это не наши места. 4. Дети сели перед телевизором и начали смотреть мультфильмы. 5. Каждое утро мы садимся на автобус и едем на работу. 6. Мы сейчас сидим в автобусе. 7. Ало, Света, ты уже села в самолёт? Нет, ещё не села. Я сейчас сажусь. 8. Мой сын сидит у компьютера уже 4 часа. 9. Виктор пришёл в кафе, сел за столик и заказл пиццу. 10. Ирочка, не садись на этот стул! Лучше садись на диван.

Упражнение 45 1. Иван встал в 7 часов, позавтракал и

поехал в аэропорт.   2. Когда я пришёл домой, моя жена разговаривала по телефону.   3. В воскресенье утром мы немного поработали, а потом пошли в парк. 4. Ирина видит, как Семён Семёнович садится в автобус. 5. Он пришёл домой и сел у окна. 6. Куда мне садиться? 7. Я не могу разговаривать - я уже сел в самолёт. 8. Мой сын уже сидит у компьютера 4 часа. 9. Садитесь, пожалуйста.   10. Олег сидел в кафе и ждал Наташу.

Упражнение 46   2. Иван Иванович работает в вашей компании с сегодняшнего дня.   3. Игорь Петрович работает в вашем университете с завтрашнего дня. 4. Нина Николаевна работает в этом магазине с прошлой недели.   5. Мы работаем в этой школе с прошлого месяца. 6. Ты работаешь в этом институте с прошлого года. 7. Ирина Викторовна работает в этой фирме с прошлого лета.   8. Михаил работает в той фирме с прошлой весны.   9. Наталья Андреевна работает в той библиотеке с прошлой зимы.   10. Вы работаете в этом банке с прошлой осени. 11. Джеймс работает в компании «Боинг» с две тысячи первого года. 12. Они работают в оперном театре с две тысячи второго года.

Упражнение 47   2. Анна Григорьевна пришла с почты. 3. Дети пришли из спортивной школы.   4. Они приехали из ботанического сада.   5. Ты приехал с вокзала.   6. Школьники приехали из исторического музея. 7. Григорий приехал из аэропорта. 8. Михаил приехал с дачи.   9. Виктор Сергеевич пришёл из университета.   10. Она приехала с автобусной станции.

Упражнение 48 2. С какого собрания пришёл Григорий? 3. Какого словаря у них нет? 4. Из какой чашки Ольга любит пить кофе? 5. С какого дня мы будем работать над новым проектом? 6. С какой осени вы будете учиться в новой школе? 7. Какого театра нет в этом городе? 8. Из какого альбома я беру фотографию? 9. С какой недели вы у них не работаете?

Упражнение 49 а) 2. Секретарша боится начальника. 3. Ты боишься летать на самолёте. 4. Мы боимся опоздать на поезд. 5. Коты боятся собак. 6. Люди с деньгами боятся инфляции. 7. Цветы боятся холода. 8. Наша собака боится громкой музыки.

б) 2. Секретарша боялась начальника. 3. Ты боялся летать на самолёте. 4. Мы боялись опоздать на поезд. 5. Коты боялись собак. 6. Люди с деньгами боялись инфляции. 7. Цветы боялись холода. 8. Наша собака боялась громкой музыки.

Упражнение 50 1. Я хочу заказать номер на двоих на три дня. 2. Девушки хотят найти подходящую гостиницу. 3. Сколько стоит стандартный номер и сколько стоит улучшенный? 4. Я буду платить наличными. 5. Наша собака боится громкой музыки. 6. Люди с деньгами боятся инфляции. 7. Ты работаешь в нашей компании с прошлого месяца. 8. Мы пришли из оперного театра в десять часов. 9. Ольга любит пить кофе из маленькой синей чашки.

10. Пассажиры выходят из маршрутного такси. 11. Вы откуда? 12. Я из Калифорнии.

Test Yourself 3   1. Я давно не видел своего брата. 2. Обычно он ездит на работу на машине. 3. Мне, пожалуйста, один купейный билет до Москвы на одиннадцатое мая. 4. Откуда Линда? Она из Америки. 5. Из какого он города? Он из Рима. 6. Поезд номер сто двадцать девять отправляется со второго пути в пять двадцать пять. 7. До четверга! 8. Её муж обещал встретить её на вокзале. 9. Когда мы ехали на такси в аэропорт, мы видели аварию. 10. Игорь пришёл домой в семь часов, поужинал, потом посмотрел телевизор, а потом позвонил мне. 11. Пассажиры садятся в самолёт. 12. Николай сел в такси и поехал. 13. Мы хотим заказать стандартный номер на двоих. 14. Вы будете платить наличными или кредитной картой? Я буду платить наличными. 15. Они приехали в Москву из маленького города. 16. Это подходящая цена. 17. Они боятся опоздать на поезд. 18. Маленькая девочка боялась темноты. 19. Со следующей недели мы будем работать над новым проектом. 20. Где дети? Они пошли в Ботанический сад. 21. Михаил работает в нашей компании три дня. 22. Мы пришли из итальянского ресторана.

Упражнение 51   2. Машина выехала из большого гаража. 3. Ровно в девять часов Олег вышел из нового офиса. 4. Поезд выехал из длинного тоннеля. 5. Мы вышли из маленького зелёного парка. 6. Друзья вышли из красивого серого здания. 7. Мотоциклисты выехали с парковки. 8. Такси выехало из маленькой деревни. 9. Елена вышла из небольшого уютного кафе.

Упражнение 52 2. Обычно Ольга приходит на работу в 9 часов, а сегодня она пришла на работу в 10 часов. 3. Обычно мы приезжаем на дачу утром, а сегодня приехали днём. 4. Обычно наши менеджеры приходят на собрание, но сегодня они не пришли. 5. Обычно они въезжают на парковку в 7.45, а сегодня они въехали в 7.55. 6. Обычно я выезжаю из гаража первый, а сегодня моя жена выехала из гаража первая. 7. Обычно мой брат с женой приезжают в гости летом, но в этом году они не приехали. 8. Олег Петрович уже вышел из банка? Нет, он сейчас из него выходит.

Упражнение 53 2. Мы вошли в трамвай и увидели кондуктора. 3. Николай Николаевич вышел из дома в 7.30, сел в такси и поехал на вокзал. 4. Машина выехала с парковки и поехала направо. 5. Водитель видел, как пассажиры вышли из автобуса. 6. Мальчик сел на велосипед и поехал. 7. Откуда они? Они приехали из Франции. 8. Олег с Мариной пришли домой, поужинали и начали смотреть телевизор. 9. Игорь вышел из лифта и пошёл в свой офис. 10. Сегодня урока не будет, потому что учитель не пришёл.

Упражнение 54 1. Обычно Николай ездит на работу на машине, но сегодня он поехал на общественном транспорте. 2. Когда приехал троллейбус, Ольга села в него и поехала. 3. Мы ждали автобус десять минут. 4. Они вышли из метро и пошли в музей. 5. Мы вошли в маленький зелёный парк. 6. Мотоциклист въехал на парковку. 7. У нас сегодня не будет урока, потому что учитель не пришёл. 8. Мы часто приезжаем на дачу утром, но сегодня мы приехали днём. 9. Откуда они? 10. Они из Франции. 11. Они приехали из Японии. 12. Они вышли из кабинета начальника и посмотрели друг на друга. 13. Смотрите, наш бухгалтер выходит из банка.

Упражнение 55 1. Маленькая собачка добежит до дерева за 5 минут. 2. Большая собака добежит быстрее. 3. Большая собака бегает 10 километров в день. 4. Маленькая собачка раньше жила рядом с парком. 5. Маленькая собачка сейчас много ездит. 6. Большая собака много бегает сейчас. 7. В выходные маленькая собачка ездит на дачу. 8. Она ездит на дачу с хозяином. 9. В прошлую субботу маленькая собачка ездила в деревню. 10. В деревне она бегала за котом. 11. Большая собака тоже любит бегать за котами.

Упражнение 56 а) 2. Вы бежите за ней. 3. Она бежит за ним. 4. Он бежит за нами. 5. Мы бежим за ними. 6. Они бегут за Еленой Борисовной. 7. Елена Борисовна бежит за Владимиром. 8. Владимир бежит за Михаилом Николаевичем. 9. Михаил Николаевич бежит за Людмилой. 10. Людмила бежит за тобой. 12. Ты бежишь за братом. 13. Брат бежит за мной. 14. Я бегу за сыном. 15. Сын бежит за бабушкой. 16. Бабушка бежит за дедушкой. 17. Дедушка бежит за внуком. 18. Внук бежит за мамой. 18. Мама бежит за сестрой.

б) 2. Вы бежали за ней. 3. Она бежала за ним. 4. Он бежал за нами. 5. Мы бежали за ними. 6. Они бежали за Еленой Борисовной. 7. Елена Борисовна бежала за Владимиром. 8. Владимир бежал за Михаилом Николаевичем. 9. Михаил Николаевич бежал за Людмилой. 10. Людмила бежала за тобой. 12. Ты бежала за братом. 13. Брат бежал за мной. 14. Я бежала за сыном. 15. Сын бежал за бабушкой. 16. Бабушка бежала за дедушкой. 17. Дедушка бежал за внуком. 18. Внук бежал за мамой. 18. Мама бежала за сестрой.

Упражнение 57 2. Собака добежала до дерева, а потом побежала обратно. 3. Олег Петрович вышел из банка и пошёл на остановку троллейбуса. 4. Мы боялись опоздать, поэтому выехали из города утром. 5. За сколько минут ты можешь добежать до того места? 6. Наша собака любит бегать за котами. 7. Они японцы? Да, они японцы. Они приехали из Токио. 8. Вы часто ездите на общественном транспорте? 9. Они вошли в кабинет директора и посмотрели друг на друга.

Упражнение 58 1. От своего дома до работы Коля едет на машине полчаса, если нет пробок. 2. От своего дома до работы Коля едет на машине полтора часа, если есть пробки. 3. Коля едет на общественном транспорте от своего дома до работы час. 4. Света ездит на работу на метро. 5. В прошлом году Света ездила на работу на машине. 6. Света купила себе машину в прошлом году. 7. Обычно Света выходит из дома в 8.30. 8. Сейчас Свете не надо думать о парковке. 9. Свете не надо думать о парковке, потому что она ездит на общественном транспорте. 10. От своего дома до работы Света едет пятнадцать минут.

Упражнение 59 2. От нашего дома до центра города полчаса на метро. 3. От вашего дома до вашей дачи час на электричке. 4. От твоего офиса до этого кафе десять минут пешком. 5. От его общежития до ботанического сада пять минут на троллейбусе. 6. От их деревни до нашего города два часа на поезде. 7. От нашего университета до центрального стадиона пятнадцать минут на трамвае. 8. От оперного театра до станции метро три минуты пешком. 9. От вашей работы до вашего дома двадцать пять минут на машине. 10. От твоей школы до Центрального парка десять минут на метро.

Упражнение 60 1. Сколько метров отсюда до того здания? 2. Отсюда до того здания двести метров. 3. Каждый день я бегаю километр. 4. Раньше я часто бегал, а теперь я много езжу. 5. Куда ты ездила на прошлой неделе? 6. Мы ездили в деревню. 7. Кто любит бегать за котами? Собаки любят бегать за котами. 8. Я бегу за своей сестрой. 9. Моя сестра бежит за мной. 10. Олег Петрович вышел из банка и пошёл на автобусную остановку. 11. Ты живёшь далеко отсюда? 12. От моего дома до моей работы сорок минут на машине, если нет пробок. 13. Как вы ездите на работу? 14. Мы ездим на работу на общественном транспорте.

Упражнение 61 2. Когда Александр был маленьким мальчиком, он любил играть в компьютерные игры. 3. Когда Иван Сергеевич был студентом Политехнического института, он занимался очень много. 4. Когда Нина была маленьким ребёнком, она очень смешно разговаривала. 5. Кода Максим был подростком, он проколол себе бровь. 6. Когда Иван Александрович был нашим менеджером, у нас каждый понедельник были собрания. 7. Когда Марина была твоей секретаршей, она всегда приходила на работу на десять минут раньше. 8. Когда он был моим соседом, мы часто разговаривали.

Упражнение 62 2. Это стало очень важным делом. Это станет очень важным делом. 3. Иван стал хорошим специалистом. Иван станет хорошим специалистом. 4. «Аваль» стал большим банком. «Аваль» станет большим банком. 5. Это дерево стало зелёным. Это дерево станет зелёным. 6. Наша компания стала большой. Наша компания станет большой. 7. Эта музыка стала очень популярной. Эта музыка станет очень популярной. 8. Мой брат стал филантропом. Мой брат станет филантропом. 9. Это вино стало кислым. Это вино станет кислым. 10. Моя работа стала интересной. Моя работа станет интересной.

Упражнение 63 2. Здание Национального банка выше, чем здание оперного театра, но здание университета выше, чем здание Национального банка. Здание университета самое высокое. 3. Упражнение 12 легче, чем упражнение 13, но упражнение 11 легче, чем упражнение 12. Упражнение 11 самое лёгкое. 4. «Хюндай» дешевле, чем «Тойта», но «Тойота» дешевле, чем «Мерседес». «Хюндай» - самая дешёвая машина. 5. Таня старше, чем Дима, но Ваня старше, чем Таня. Ваня самый старший. 6. Цветы дешевле, чем ваза, но ваза дешевле, чем часы. Цветы самые дешёвые. 7. Собака больше, чем кот, но зебра больше, чем собака. Зебра самая большая. 8. Погода осенью холоднее, чем зимой, но погода зимой холоднее, чем осенью. Погода зимой самая холодная. 9. Жизнь в маленьком городе дороже, чем в деревне, но жизнь в столице дороже, чем жизнь в маленьком городе. Жизнь в столице самая дорогая.

Упражнение 64 2. Игорь звонит матери каждую неделю. 3. В комнате нет матери. 4. Сын стои рядом с матерью. 5. Маша гуляет во дворе со своей дочерью. 6. Мы хотим поговорить о вашей матери. 7. Он очень любит свою мать. 8. Я не буду разговаривать с вами без вашей дочери. 9. Кто это там сидит за твоей дочерью? 10. Они думают о своей матери. 11. Моя мать — мой самый дорогой человек. 12. Папа купил машину дочери. 13. Где наша дочь?

Упражнение 65 2. Где-то справа должен быть выход. 3. Как-то мы поехали в Санкт-Петербург посмотреть достопримечательности. 4. Ты видишь: кто-то стоит на балконе. 5. Мы слышали эту музыку где-то. 6. Как-то мой брат сказал, что он хочет посмотреть мир. 7. На столе лежало что-то. 8. Иван написал что-то. 9. Как-то он купил долю в компании Нью Йорк Таймс. 10. Утром вам звонил кто-то. 11. Кто-то

разговаривал с мамой.   12. В вазе было что-то.
13. По дороге ехало что-то.

Упражнение 66   1. Американский журнал «Форбс» назвал мексиканского миллиардера Карлоса Слима Элу самым богатым человеком в мире.   2. Кто на втором месте?   3. "Я не Санта Клаус, и благотворительность не решит проблему бедности", - сказал как-то Слим.   4. На прошлой неделе наша компания купила акции Нью Йорк Таймса.   5. Саша самый высокий в классе. 6. Когда Иван был нашим менеджером, у нас каждый понедельник были собрания.   7. Когда моя сестра была студенткой Политехнического института, она много занималась.   8. Он не разговаривал с матерью, он разговаривал с дочерью.   9. Что-то лежало на столе. 10. Как-то мы поехали в Санкт-Петербург посмотреть достопримечательности.   11. Смотри: кто-то стоит на балконе.   12. Где-то здесь справа должен быть выход.

Упражнение 67   2. Моему старшему брату тридцать пять лет.   3. Нашей любимой бабушке семьдесят восемь лет. 4. Вашему дедушке восемьдесят один год. 5. Твоей младшей сестре четыре года.   6. Их маленькой собачке один год.   7. Тому старинному зданию двести пятьдесят лет. 8. Этому городу тысяча лет. 9. Нашему замечательному проекту два года.

Упражнение 68   а)   2. Тебе нравятся французские фильмы.   3. Им нравится ванильное мороженое. 4. Ему нравится она.   5. Ей нравлюсь я.   6. Нам нравится испанская музыка.   7. Вам нравятся немецкие машины.   8. Этому молодому человеку нравится эта девушка.   9. Этой девушке нравится этот молодой человек.   10. Тебе нравится футбол.   11. Тому мужчине нравится та женщина.   12. Той женщине нравится тот мужчина.

б) 2. Тебе нравились французские фильмы.   3. Им нравилось ванильное мороженое.   4. Ему нравилась она.   5. Ей нравился я.   6. Нам нравилась испанская музыка.   7. Вам нравились немецкие машины. 8. Этому молодому человеку нравилась эта девушка. 9. Этой девушке нравился этот молодой человек. 10. Тебе нравился футбол.   11. Тому мужчине нравилась та женщина. 12. Той женщине нравился тот мужчина.

Упражнение 69   2. Саша уже болеет вторую неделю. 3. У меня болит голова.   4. У нашего дедушки болит спина, поэтому он пошёл к врачу.   5. Мама вызвала врача, потому что у моего маленького брата болит живот.   6. Виктор не ходит на работу 3 дня, потому что он болеет.   7. Мой брат – спортсмен. Он очень редко болеет.   8. Что у тебя болит? У меня болят глаза. 9. У нашей дочки болят уши.   10. Мы с сестрой не ходим в школу, потому что мы болеем.

Упражнение 70   2. Моей младшей сестре нравятся фрукты.   3. Твоей маме не нравится громкая музыка. 4. Нашему учителю нравится русская литература. 5. Мне нравится ваш папа.   6. Мы знаем, что тебе нравится этот ресторан.   7. Виктору нравится красное вино.   8. Нашей бабушке нравятся цветы.   9. Мне не нравится, когда ты меняешь планы в последний момент.   10. Вашему начальнику нравится гольф.

11. Нашему коту не нравится твоя собака. 12. Вашей сестре нравится танго? 13. Их маленькому ребёнку нравится наша кошка.

Упражнение 71 2. Сколько лет моему дедушке? 3. Кому двадцать два года? 4. Чья фамилия Иванова? 5. Какая у вашего ребёнка температура? 6. Где бесплатный сыр? 7. Какие машины нам нравятся? 8. Какая девушка нравится этому молодому человеку? 9. Кого любят дети? 10. Что болит у моего маленького брата? 11. Кого не любит наш кот?

Упражнение 72 2. Когда Виктор жил в Мексике, он привык к жаркому климату. 3. Работники привыкли к новому начальнику. 4. Нина ещё не привыкла к своей новой фамилии. 5. Мы привыкли к этому. 6. Ирина привыкла к жизни в большом городе. 7. Пилот привык к такому шуму. 8. Студенты уже привыкли к новому расписанию.

Упражнение 73 1. В бывшем Советском Союзе медицина была бесплатной. 2. Вы можете вызвать врача на дом, если у вас определённые симптомы. 3. Бесплатный сыр - только в мышеловке. 4. Моему отцу сорок пять лет. 5. Моей сестре нравится её новое платье. 6. Тебе нравится громкая музыка. 7. Нашей бабушке нравятся цветы. 8. Тому молодому человеку нравится та девушка. 9. Этой девушке нравится этот молодой человек. 10. Мне не нравится, когда ты меняешь планы в последний момент. 11. У вашего ребёнка температура тридцать девять и восемь. 12. У моего сына болит голова и горло. 13. У нашей дочери болят уши. 14. Пилот привык к такому шуму.

15. Моя бабушка не привыкла к жизни в большом городе. 16. Люди к этому привыкли.

Test Yourself 4   1. Вчера Николай стоял в пробке два часа, поэтому он опоздал на важное собрание. 2. Сегодня я решил поехать на общественном транспорте.   3. Обычно Ольга приходит на работу в девять часов, но сегодня она пришла в десять. 4. Сегодня утром Ирина вышла из дома в семь часов. 5. Машина выехала из гаража и поехала налево. 6. Каждое утро я бегаю в парке.   7. Вы ездите на работу на машине или на общественном транспорте? 8. Ты живёшь далеко отсюда? Нет, от моего дома до моей работы двадцать минут на метро. 9. В прошлую субботу мы ездили в деревню.   10. Она стала известной актрисой.   11. Жизнь в маленьком городе дешевле, чем в столице. 12. Это самое высокое здание в мире. 13. Когда он был моим соседом, мы часто разговаривали. 14. Виктор не разговаривал с матерью, но он разговаривал с дочерью. 15. Я видел, что кто-то вошёл в комнату. 16. Что-то лежало на столе. 17. Где-то здесь должен быть выход. 18. Моему старшему брату двадцать два года. 19. Мне нравятся японские машины.   20. Нашему преподавателю нравится русская литература. 21. Ирина привыкла к жизни в большом городе. 22. У моего маленького брата болит живот.

Грамматические таблицы

Declension of Adjectives

Case	Ending	Masculine, Neuter		Ending	Feminine
Nom.	-ой/ -ый/ий -ое/ее	большой, белый, синий большое, белое, синее		-ой/ей	большая, синяя
Gen.	-ого/его	большого, белого, синего		-ой/ей	большой, синей
Dat.	-ому/ему	большому, белому, синему		-ой/ей	большой, синей
Acc.		**Inanimate** ого/его большого, белого, синего	**Animate** -ой/ый/ий большой, белый, синий большое, белое, синее	-ую/юю	большую, синюю
Inst.	-ым/им	белым, синим		-ой/ей	большой, синей
Prep.	-ом/ем	большом, белом, синем		-ой/ей	большой, синей

Declension of Possessive Pronouns for Masculine Objects

Case	My	Your (informal)	His, its (neuter)	Her	Our	Your (Polite, Plural)	Their	Questions
Nominative	мой	твой	его	её	наш	ваш	их	Чей?
Genitive	моего	твоего	его	её	нашего	вашего	их	Чьего?
Dative	моему	твоему	его	её	нашему	вашему	в их	Чьему?
Accusative Inanimate	мой	твой	его	её	наш	ваш	их	Чей?
Accusative Animate	моего	твоего	его	её	нашего	вашего	их	Чьего?
Instrumental	моим	твоим	его	её	нашим	вашим	их	Чьим?
Prepositional	моём	твоём	его	её	нашем	вашем	их	Чьём?

Declension of Possessive Pronouns for Feminine Objects

Case	My	Your Informal	His, its (neuter)	Her	Our	Your Polite	Their	Questions
Nominative	моя	твоя	его	её	наша	ваша	их	Чья?
Genitive	моей	твоей	его	её	нашей	вашей	их	Чьей?
Dative	моей	твоей	его	её	нашей	вашей	их	Чьей?
Accusative	мою	твою	его	её	нашу	вашу	их	Чью?
Instrumental	моей	твоей	его	её	нашей	вашей	их	Чьей?
Prepositional	моей	твоей	его	её	нашей	вашей	их	Чьей?

Verbs of Motion

Group1 Unidirectional, Describing the Moment	Group 2 Multidirectional, Repetitive
бежать	бегать
везти	возить
ехать	ездить
идти	ходить
лететь	летать
плыть	плавать

Словари

Русско-английский словарь

Abbreviations

adj – adjective
adv – adverb
c adj- comparative adjective
f – feminine
m – masculine

n – neuter
pl – plural
refl – reflexive verb
sing – singular
sfa – short form adjective

А

а and, oh, so
абза́ц paragraph
абрико́с apricot
абсолю́тно absolutely
ава́рия accident
а́вгуст August
авока́до avocado
авто́бус *n* bus
авто́бусный *adj* bus
автома́т machine, vending machine
администра́тор administrator
администра́ция administration
а́дрес address
аква́риум aquarium
актёр actor
акти́вный active
актри́са actress
Алло́! Hello! (when speaking on the phone)
алфави́т alphabet
альбо́м album

Аме́рика America
америка́нец (nationality) American (male)
америка́нка (nationality) American (female)
америка́нский *adj* American
амфитеа́тр amphitheatre
анана́с pineapple
англи́йский *adj* English
англича́нин (nationality) English (male)
англича́нка (nationality) English (female)
А́нглия England
анекдо́т anecdote, funny story
антибио́тик antibiotic
апельси́н *n* orange
апельси́новый *adj* orange
апре́ль *m* April
апте́ка pharmacy
арбу́з water melon
арти́ст actor

ассорти́ сы́рное assorted
   cheese tray
Аста́на Astana
А́фрика Africa
аэропо́рт airport

Б

ба́бушка grandmother
бага́ж baggage
бадминто́н badminton
баклажа́н eggplant
балери́на ballerina
бале́т ballet
балко́н balcony
ба́ловать to spoil
бана́н banana
банк bank
ба́нка can, jar, tin
бар bar, pub
баскетбо́л basketball
бассе́йн swimming pool
бато́н baguette
ба́шня tower
бегемо́т hippopotamus
бегу́щий running
бе́жевый beige
без without
бе́лый white
бергамо́т bergamot
бе́рег bank (of the river), shore
Берли́н Berlin
беспла́тно *adv* free of charge
беспла́тный *adj* free of charge
библиоте́ка library
би́знес business
бизнесме́н businessman
биле́т ticket

билья́рд *n sing* billiards
билья́рдный *adj* billiard
бли́зкий *adj* close
бли́же *c adj* closer
блин, бли́нчик flat pancake
блок block
блю́до dish, course(dinner)
Бог God
бока́л goblet
бокс *n* boxing
Болга́рия Bulgaria
болга́рский пе́рец bell pepper
боли́т to hurt
боле́ть/заболе́ть to be ill
болта́ть to chat
боль *f* pain
больни́ца hospital
бо́льше *c adj* bigger
большо́й big
борщ beetroot soup
босс boss
бота́ника *n* botany
ботани́ческий *adj* botanical
боя́ться *v* to be afraid of, to fear
брасле́т bracelet
брат brother
брати́шка brother (informal)
брать to take
бра́тья brothers
бриз breeze
бровь *f* eye brow
брони́ровать to book
брю́ки pants
Будапе́шт Budapest
Бу́дда Buddha
буке́т bouquet
бу́лочка roll, bun
бу́лочная *adj* bakery

бума́га paper
буты́лка bottle
бухга́лтер accountant
бухгалте́рия accounting
бы́вший *adj* former
быстре́е *с adj* faster, quicker
бы́стро *adv* fast, quickly
быть to be

В

в at, in, into, to
ваго́н train car
ва́жный *adj* important
ва́за vase
валю́та currency
вани́льный *adj* vanilla
ва́нная bathroom
варе́ник dumpling with non-
   meat fillings
варе́нье jam
вариа́нт variant
Ватика́н Vatican
ваш your (polite sing/pl)
Вашингто́н Washington
ведь after all
везти́ *perf from* вози́ть
век century
велосипе́д bicycle
венге́рский Hungarian
весе́нний *adj* spring
весёлый cheerful
весна́ *n* spring
вестибю́ль hall, lobby
ве́рить to believe
ве́рхний upper
ве́чер *n* evening
вече́рний *adj* evening

ве́чный eternal
ве́щи belongings, stuff
вид type
ви́деть to see
визи́т *n* visit
визи́тная ка́рточка business
   card
вино́ wine
виногра́д *sing* grapes
вирусо́лог virologist
висе́ть to hang
ви́ски whiskey
ви́шня cherry
включа́ть to turn on
вкус *n* taste
вку́сно *adv* tasty
вку́сный *adj* tasty
вку́сности tasty things
   (colloquial)
вме́сте together
внук grandson
вну́чка granddaughter
во́время *adv* on time
во-вторы́х *adv* second of all
вода́ water
води́тель *m* driver
во́дка vodka
вожде́ние *n* driving
вози́ть to carry, to transport
во́зраст *n* age
вокза́л train station
во́лосы *pl* hair
вон there
вон там over there
во-пе́рвых *adv* first of all
вопро́с question, problem, issue
восемна́дцатый eighteenth
восемна́дцать eighteen

во́семь eight
во́семьдесят eighty
воскресе́нье Sunday
восьмо́й eighth
вот here
вот здесь over here
врач doctor
вре́мя time
вре́мя го́да season
всегда́ always
всего́ хоро́шего take care
все all, everybody
всего́ only
всё all, everything
в соверше́нстве perfectly
вспо́мнить *perf from* **вспомина́ть**
вспомина́ть to recall
встава́ть to get up
встре́тить *perf from* **встре́чать**
встре́титься *perf from* **встреча́ться**
встре́ча *n* meeting
встре́чать to meet
встреча́ться *refl* to meet (with somebody)
вся́кий all sorts, any
вто́рник Tuesday
второ́й second (number)
вчера́ *adv* yesterday
вчера́шний *adj* yesterday
въезд entrance (for vehicles)
въе́хать to enter (by vehicle)
вы you (polite sing/pl)
выбира́ть to choose
вы́брать *perf from* **выбира́ть**
вы́веска sign board
вы́звать *perf from* **вызыва́ть**

вызыва́ть to call for
вы́зов *n* call, invitation
вы́зубрить *perf from* **зубри́ть**
выключа́ть to turn off
высо́кий tall
вы́ставка exhibition
вы́ход exit
выходи́ть to go out, to get off
выходно́й day off
выходны́е weekend
вы́ше *c adj* taller
вью́щийся curly, wavy

Г

газе́та newspaper
галере́я gallery
га́лстук necktie
гара́ж garage
где where
где-то somewhere
геогра́фия Geography
гео́лог geologist
Герма́ния Germany
геро́й hero
гимна́стика gymnastics
Ги́ннес Guinness
гита́ра guitar
глава́ chapter
глаз eye
глаза́ eyes
гласи́ть says (legend, law)
говори́ть to speak, to say
говя́дина beef
год year
голова́ head
голо́дный hungry
голубо́й light blue

гора́здо лу́чше much better
го́рло throat
го́род city
горшо́к pot
горя́чий *adj* hot
го́спиталь *m* hospital (usually military)
господи́н Mister
госпожа́ Misses
гости́нная living room
гости́ница hotel
гость *m* guest
госуда́рственный *adj* State
гото́в *sfa* is ready
гото́вить/приготовить to cook
грамм gram
гре́цкий оре́х walnut
гро́мкий *adj* loud
гро́мко *adv* loud(ly)
громо́здкий bulky
грудь *f* chest
грузи́н Georgian
гру́ппа group
гру́ша pear
гу́бы lips
гуля́ть to walk, to go out, to go for a walk
густо́й thick

Д

да yes
дава́й (те) let's
дава́ть to give
давно́ for a long time, long ago
далеко́ far
дари́ть to give a present
дать *perf from* **дава́ть**

да́ча country house
два two
двадца́тый twentieth
два́дцать twenty
двена́дцатый twelfth
двена́дцать twelve
дверь *f* door
движе́ние movement
де́вочка little girl
де́вушка girl in her late teens or unmarried young woman
девяно́сто ninety
девятна́дцатый nineteenth
девятна́дцать nineteen
девя́тый ninth
де́вять nine
де́душка grandfather
действи́тельно really
дека́брь *m* December
дека́н dean
деклара́ция declaration
деклари́ровать to declare, to fill out
де́лать to do, to make
де́латься *refl* to be done
дели́ться to share
де́ло *n* business
делово́й *adj* business
день *m* day
день рожде́нья birthday
де́ньги *pl* money
де́рево tree
дере́вня village
дере́вья *pl* trees
деревя́нный wooden
десе́рт dessert
деся́тый tenth
де́сять ten

де́ти *n* children
де́тская площа́дка children's
  playground
де́тский *adj* children's
дешёвый *adj* cheap
деше́вле *c adj* cheaper
джéмпер pullover
джи́нсы jeans
диáгноз diagnosis
диалóг dialogue
дивáн sofa, couch
дизáйнер designer
диктáнт dictation
диплóм diploma
дирéктор director
диск disk
дискотéка discotheque
дли́нный long
до till, until, up to
добавля́ть to add
дóбрый kind
дождь *m* rain
дóктор doctor
докумéнт document
докуменálьный фильм
  documentary
дóлго *adv* for a long time
дóлжен *sfa* to have to, must
дóллар dollar
дом house, building
дóма at home
домáшний *adj* home, domestic
домáшний халáт plain dress to
  wear at home
допоздná *adv* untill late at night
дорóга road, way
дóрого *adv* expensive
дорогóй *adj* dear, expensive

дорóже *c adj* more expensive
дорóжная сýмка travel bag
достáточно enough
достопримечáтельность *f*
  place of interest
дочь daughter
дразни́ть to tease
друг friend
другóй another
друзья́ friends
ды́ня melon
ды́рка hole
дýмать to think

Е

éвро euro
европéец (nationality)
  European
егó [ево] his
едá food
её her
éздить to go (by transportation)
éсли if
естéственный natural
есть to eat
éхать to go (by transportation)
ещё still, yet, more

Ё

ёж hedgehog
ёлка fir tree

Ж

жáрить to fry
жáркий *adj* hot
жáрко *adv* hot

ждать to wait, to expect
жена́ wife
же́нщина woman
жето́н token
жёлтый yellow
живо́т stomach
жизнь *f* life
жира́ф giraffe
жить to live
жук beetle
журна́л magazine
журна́льный *adj* magazine

З

за behind, at
заболе́ть *perf from* болеть
заброни́ровать *perf from*
   брони́ровать
заво́д plant, factory
за́втра *n* tomorrow
за́втрашний *adj* tomorrow's
за́втрак breakfast
за́втракать to have breakfast
задеклари́ровать *perf from*
   деклари́ровать
заказа́ть *perf from* зака́зывать
зака́зывать to order, to book
заку́ска appetizer
зал living room, hall
замеча́тельный wonderful
занима́ться to study
за́нят *sfa* busy, occupied
заплати́ть *perf from* плати́ть
запо́лнить *perf from*
   заполня́ть
заполня́ть to fill out
зара́нее beforehand

заселе́ние check in (at a hotel)
зачём why, what for
звать to call
зверь *m* animal
звони́ть to call, to ring
звоно́к *n* call (phone)
зда́ние building
здесь here
здоро́ваться to greet
здра́вствуйте Hello
зе́бра zebra
зе́лень *f* herbs (parsley, dill,
   etc.)
зелёный green
зелёный горо́шек sweet peas
зе́ркало mirror
зима́ *n* winter
зи́мний *adj* winter
знак *n* sign (symbol)
знако́миться to meet, to make
   acquaintance
знамени́тый famous
знать to know
зна́чит so, well
золото́й golden
зо́на zone
зоопа́рк zoo
зре́лый mature
зубри́ть to cram

И

и and
игра́ть to play
идти́ to go, to go by foot
из from
избира́тель *m* voter
изве́стный famous

извини́те excuse me
изуча́ть to study
изуми́тельный marvelous
и́ли or
име́ть to own, to possess
и́мя first name
и́ндекс zip code, postal code
инди́йский *adj* Indian
И́ндия India
инжене́р engineer
инжене́рный *adj* engineering,
   engineer
иногда́ sometime(s)
иностра́нный foreign
интере́сный *adj* interesting
интере́снее *c adv* more
   interesting
интере́сный *adj* interesting
интерне́т Internet
инфля́ция inflation
информа́ция information
иска́ть to look for
Испа́ния Spain
испа́нец (nationality) Spanish
   (male)
испа́нка (nationality) Spanish
   (female)
испа́нский *adj* Spanish
испо́льзовать to use
испо́ртить to spoil
исто́рия story, history
истори́ческий *adj* historical
Ита́лия Italy
италья́нец (nationality) Italian
   (male)
италья́нка (nationality) Italian
   (female)
италья́нский *adj* Italian

их their
ию́нь *m* June
ию́ль *m* July

К

к towards
кабине́т office
ка́ждый every, each
каза́х (nationality) Kazakh
   (male)
каза́шка (nationality) Kazakh
   (female)
каза́хский *adj* Kazakh
Казахста́н Kazakhstan
как how
как-то somehow, one day
кака́о cocoa
како́й *adj* what, which, what
   kind
Калифо́рния California
калифорни́йский *adj*
   Californian
калькуля́тор calculator
Кана́да Canada
кана́л channel
кани́кулы *pl* school break
капита́н captain
капита́л capital (money),
   wealth
капу́ста cabbage
каранда́ш pencil
кардина́л cardinal
ка́рий dark brown (for eyes)
карма́н pocket
карма́нный *adj* pocket
карнава́льный *adj* carnival
ка́рта map

картина painting
картофель *m* potato
картошка potato (colloquial)
карточка card
касса cash register, ticket office
кассета cassette
кассир cashier
категория category
кафе café
каша common Russian dish
(porridge, squash, etc.)
каштановый *adj* chestnut
квадратный *adj* square
квартал quarter
квартира apartment
кемпинг campsite
кефир buttermilk
Киев Kiev
килька sprat
кино movies, film
киоск kiosk
кислый sour
кисть *f* hand
китаец (nationality) Chinese
(male)
китаянка (nationality) Chinese
(female)
Китай China
китайский *adj* Chinese
класс *n* classroom, class
класс *adv* cool
классный *adj* cool, class
классический *adj* classic
клетчатый chequered
клиент client
клуб club
клубника strawberry
ключ key

книга book
кнопка button
когда when
код code
кока-кола Coca-Cola
колбаса sausage
колено knee
коллега colleague
колледж college
коляска stroller
командировка business trip
комната room
компания company
компилятор compiler
композитор composer
компьютер computer
конверт envelope
кондиционер conditioner
кондуктор ticket collector,
conductor
конечно of course
консервы canned food
контекст context
контроль *m* control
концерт concert
кончаться *refl* to end, to get
finished
конь *m* horse
коньяк cognac
кораблик little boat
коридор corridor
короткий *adj* short
коррида corrida
космос cosmos, outer space
костюм suit, costume
кость *f* bone
кот cat (male)

кото́рый which (one), what, who

котле́та meatball

ко́фе *m* coffee

ко́шка cat (female)

краса́вица *n* beauty

краси́во *adv* nice, beautiful

краси́вый *adj* beautiful

кра́сить to paint, to dye

кра́сный red

креве́тка shrimp

кре́пкий strong, athletic

кре́сло armchair

кре́стик *n* cross (small)

крокоди́л crocodile

кру́глый *adj* round

кружева́ *pl* lace

крыльцо́ porch

кста́ти by the way

кто who

кто-то somebody

Ку́ба Cuba

куби́нец (nationality) Cuban (male)

куби́нка (nationality) Cuban (female)

куби́нский *adj* Cuban

куда́ (to) where

кудря́вый *adj* curly

кукуру́за corn

купе́ *n* first class

купе́йный *adj* first class

купи́ть *perf from* **покупа́ть**

ку́рица hen, chicken

курно́сый turned up (nose)

курс course

ку́хня kitchen

кухонная сте́нка kitchen cabinets

ку́хонный *adj* kitchen

Л

ла́дно all right, OK

ла́мпа lamp

ла́ковый *adj* lacquered

лебеди́ный *adj* swan

леге́нда legend

леге́нда гласи́т legend says (set expression)

легко́ easy

ле́гче *c adj* easier

лежа́ть to lie

лека́рство medicine

лета́ть to fly

лете́ть *perf from* **лета́ть**

ле́тний *adj* summer

ле́то *n* summer

ли́лия lily

лимо́н lemon

лимона́д lemonade

лимузи́н limousine

ли́ния line

ликёр liqueur

лимона́д lemonade

лист leaf

ли́стья *pl* leaves

литерату́ра literature

литр liter

лифт elevator

лицо́ face

ли́чный *adj* personal

ли́чные ве́щи personal belongings

Ло́ндон London

лук onion
лу́чше *с adj* better
лу́чший best
льго́та privilege
лы́сый bald
люби́мый favorite, beloved
люби́ть to love
любо́й any, anyone
лю́ди people
лю́стра chandelier

М

магази́н store
Магоме́т Mohammed
Мадри́д Madrid
мазь *f* ointment
май May
майоне́з mayonnaise
ма́ленький small, little
ма́ло *adv* little, few
ма́льчик little boy
ма́ма mom
мандари́н mandarin
ма́нная ка́ша semolina
ма́рка stamp
март March
маршру́тное такси́ small bus,
    small shuttle
ма́ска mask
ма́сло butter, oil
масса́ж massage
массажи́ст masseur
матема́тика Math
мать mother
ма́фия mafia
маши́на car, device
меда́ль *f* medal

медици́на healthcare
медици́нский *adj* medical
ме́дленнее *с adj* slower
ме́дленно *adj* slowly
медбра́т nurse (male)
медсестра́ nurse (female)
ме́жду among, between
Ме́ксика Mexico (country)
ме́неджер manager
ме́ньше *с adj* smaller, less
меня́ть to change
меню́ menu
ме́сто place, seat
ме́сяц month
мета́лл metal
метро́ metro
Ме́хико Mexico (city)
мечта́ть to dream
микроско́п microscope
минера́льный mineral
мини́стр minister
ми́нус minus
мину́та minute
мир peace, world
мира́ж mirage
мла́дше *с adj* younger
мла́дший *adj* younger
мне́ние opinion
мно́гие *adj* many
мно́го *adv* many, much, a lot of
многоэта́жный *adj* multistory
моби́льный mobile
мо́жно it's possible (also in the
    expressions: May I have…?,
    Can I talk…?)
мой my
мо́крый *adj* wet
молодо́й челове́к young man

молоко́ milk
моме́нт moment
мо́ре sea
морепроду́кт seafood
морко́вь *f* carrot
моро́женое ice-cream
Москва́ Moscow
москви́ч Muscovite (male)
москви́чка Muscovite (female)
мотоцикли́ст motorcyclist
мотоци́кл motorcycle
Мо́царт Mozart
мочь to be able, can
му́дрость *f* wisdom
муж husband
мужчи́на man
музе́й museum
му́зыка music
музыка́льный musical
музыка́нт musician
мука́ flour
мультфи́льм cartoon
му́сорная корзи́на recycle bin
мы we
мышело́вка mouse trap
мяси́стый fleshy
мя́со meat
мя́та mint

Н

на on, at, for, to
набира́ть to dial
набра́ть *perf from* набира́ть
наверху́ *adv* at the top
нагрева́ть to warm, to heat
над above

на́до it is necessary
наза́д ago, back
называ́ется is called
найти́ *perf from* находи́ть
нале́во *adv* to the left
налива́ть to pour
нали́чные *pl* cash
нама́зать to apply (an ointment)
написа́ть *perf from* писа́ть
напи́тки beverages
напомина́ть to remind
напра́во to the right
напро́тив on the contrary, opposite
нарко́тик drug, narcotic
наро́д people
наро́дная му́дрость folk wisdom
наро́дный *adj* folk
наря́д outfit, costume
наря́дный *adj* fancy, well-dressed
настоя́щий real
находи́ть to find
находи́ться to be located
национа́льность *f* nationality
нача́ло beginning
нача́льник boss
начина́ть to start
начина́ться *refl* to get started
нача́ть *perf from* начина́ть
наш our
не not
небе́сно-голубо́й sky-blue
недалеко́ not far
неде́ля week

не́который some, certain

не́мец (nationality) German (male)

не́мка (nationality) German (female)

неме́цкий *adj* German

немно́го *adv* a little, some

немно́жко *adv* a little bit

нетру́дно not difficult

не́сколько some, a few, several

несла́дкий not sweet

нет no

неудо́бный uncomfortable

ни́зкий *adj* low, short

ни́же *c adj* shorter, lower

ни́жний *adj* lower

никоти́н nicotine

ничего́ nothing

но but

но́вый new

нога́ leg

нож knife

ноль *m* zero

но́мер number, hotel room

номина́нт nominee

но́рма norm

нос nose

но́та note

ночь night

ноя́брь *m* November

нра́вится to like

ну so, well

Нью Джéрси New Jersey

ну́жно is necessary, have to

Нью Йорк New York

нюáнс nuance

О

о about

обе́д *n* lunch

обе́дать to have lunch

обе́денный *adj* lunch

обеща́ть to promise

обожа́ть to adore

образе́ц example

образова́ться *refl* to be created

обра́тно back (direction)

обра́тный *adj* return, back (direction)

обслу́живание service

обсужда́ть to discuss

обща́ться to communicate

общежи́тие dormitory

общи́тельный social

объясня́ть to explain

объём volume

объясни́ть *pef from* объясня́ть

обы́чно usually

ова́льный *adj* oval

о́вощи vegetables

овощно́й *adj* vegetable

огро́мный huge

огуре́ц cucumber

оди́н one, alone

оди́ннадцатый eleventh

оди́ннадцать eleven

одина́ковый identical

о́зеро lake

окно́ window

о́коло near

око́шко small window

октя́брь *m* October

ола́душек puffy pancake

оли́вки olives

оли́вковый *adj* olive
он he
она́ she
оно́ it, the object of neuter
   gender
они́ they
опозда́ть *perf from*
   опа́здывать
опа́здывать to be late
о́пера opera
о́перный *adj* opera
опла́та payment
определённый certain
оре́х nut
орке́стр orchestra
орли́ный aquiline
осе́нний *adj* fall
о́сень *f n* autumn, fall
основно́й main
остава́ться to remain
остана́вливаться to stay, to
   stop
останови́ться *pef from*
   остана́вливаться
остано́вка *n* stop
оста́ться *perf from* остава́ться
о́стрый *adj* spicy
от from
отбивна́я (pork, lamb…) chop
отве́т *n* answer
отвеча́ть to answer
отдыха́ть to rest
оте́ль *m* big hotel
оте́ц father
открыва́ть to open
открыва́ться/откры́ться *refl*
   to get open

откры́ться *perf from*
   открыва́ться
отку́да from where
отли́чно perfect, excellent
отпра́виться *perf from*
   отправля́ться
отправле́ние departure
отправля́ться to depart
отсю́да from here
о́тчество patronymic name
о́фис office
о́чень very
о́чередь *f n* turn
по о́череди to take turns
очки́ glasses, spectacles
оше́йник collar (for a dog)
оши́бка mistake

П

пакова́ть to pack
па́лец finger, toe
панора́ма panorama
па́па dad
па́пка folder
пара́граф paragraph
па́рень guy, fellow
Пари́ж Paris
парикма́херская hairdressing
   salon
парк park
парко́вка parking
парла́мент parliament
пармеза́н parmesan
парте́р parterre, orchestra
   (seats)
партнёр partner
пассажи́р passenger

паспорт passport
пахнуть to smell
пациент patient
Пекин Beijing
пельмень *m* dumpling with
    meat
пенсионер pensioner, retiree
пенсия pension
пенницилин penicillin
пепси-кола Pepsi-Cola
первый first
переводить/перевести
to translate, to transfer
переводчик interpreter,
    translator (male)
переводчица interpreter,
    translator (female)
перед in front of, before
передать to pass, to transmit
передача show, program (on
    TV)
переключить to switch
перенести to transfer, to
    reschedule
перерыв break
пересекать to cross
переулок alley
перец pepper
персональный personal
песня song
петь to sing
печенье cookie, biscuit
пешком by foot
пиво beer
пикник picnic
пилот pilot
пинг-понг ping-pong
пирог pie

пирожок pastry with filling
писатель writer (male)
писательница writer (female)
писать to write
письмо letter
пицца pizza
пить to drink
плавать to swim
плакат poster
план plan
платить to pay
платный *adj* requiring
    payment, paid
платформа platform
плацкарт second class
платье dress
плечо shoulder
плита stove
плохо *adv* badly
плохой *adj* bad
площадь *f* square
плюс plus
повеселиться to have fun
повернуть to turn
повторять to repeat
погода weather
погулять *perf from* гулять
под under
подарок gift
подруга female friend
подписывать to sign
подсолнечное масло
    sunflower oil
подходящий suitable
подъезд doorway, entrance
подъём elevation
поезд train

пожа́луйста [пажалуста] welcome, please

позавчера́ the day before yesterday

по́здно [позна] late

по́езд train

поза́втракать *perf from* за́втракать

позвони́ть *perf from* звони́ть

Поздравля́ю! Congratulations!

по́зже later (on)

познако́миться *perf from* знако́миться

полигло́т polyglot

поликли́ника polyclinic

полови́на half

по́льский Polish

пока́ bye

показа́ть *perf from* пока́зывать

пока́зывать to show

по кра́йней ме́ре at least

покупа́тель shopper, customer, buyer (male)

покупа́тельница shopper, customer, buyer (female)

покупа́ть to buy

пол floor

по́лдень *m* noon, midday

поли́тика politics

по́лка shelf

по́лночь *f* midnight

по́лный full, chubby

полтора́ one and a half

получа́ться to happen

поме́ньше *adv* a little bit smaller

помидо́р tomato

по́мнить to remember

помо́чь to help

по́мощь *f* help

понеде́льник Monday

понима́ть to understand

понра́виться *perf from* нра́виться

поня́тно! I see! I understand!

пообе́дать *perf from* обе́дать

попро́бовать *perf from* про́бовать

попуга́й parrot

популя́рен *sfa* popular

пора́ it's time!

портфе́ль *m* school bag, brief case

посети́ть to visit

после́дний last (the last in a row)

послеза́втра the day after tomorrow

посмотре́ть *perf from* смотре́ть

посове́товаться *perf from* сове́товаться

постепе́нно gradually

постри́чь *perf from* стричь

поступи́ть enter (university, college)

посчита́ем let's count; let's calculate

посчита́ть *perf from* счита́ть

пото́м then

потому́ что because

потра́тить *perf from* тра́тить

похо́дка gait

похо́ж *sfa* resembling, alike

почему́ why

почитáть *perf* from читáть to read for a while

пóчта post office

почти́ almost

поэ́тому that is why, therefore

пóяс belt

прáвда truth

провести́ *perf from* проводи́ть

прáвильный *adj* correct

прáвить to steer, to rule

прáвый *adj* right (hand, side)

прáздновать [празнавать] to celebrate

президéнт president

преподавáтель *m* university or college teacher

преподавáть to teach

при at, in the presence of, on

прибывáть to arrive

при́быль *f n* profit

прибы́тие arrival

прибы́ть *perf from* прибывáть

привéт Hi! (informal)

привыкáть to get used to

привы́кнуть *perf form from* привыкáть

пригласи́ть to invite

приéхать to arrive, to come (by transportation)

прийти́ to arrive, to come (by foot)

прия́тно *adv* pleasant

прия́тный *adj* pleasant, nice

прóбка cork, traffic jam

проблéма problem

прóбовать to try

провéрить to check

проводи́ть to spend time (at some place)

программи́ст programmer

продавéц sales person (male)

продавщи́ца sales person (female)

продýкты *pl* food, groceries

проéзд ride

проездной билéт season pass (for transportation)

проéкт project

проживáние dwelling

пройти́ to pass

прокáлывать to pierce

проколóть *perf from* прокáлывать

пропи́ска registration of residence

проси́ть to ask for

проро́к Prophet

прости́те I am sorry

прóсто simply, just

профéссия profession

профéссор professor

прохóжий *adj* passer-by

прочитать *perf from* читáть

прóшлый last (the one that passed)

пря́мо *adv* straight

пря́мой *adj* straight

пýдель *m* poodle

пункт назначéния final destination

пунктуáльный punctual

пусты́ня desert

путешéствовать to travel

путь *m* way, (railway) track

пýхлый plumpy

пуши́стый *adj* fluffy
пчела́ bee
пюре́ puree
пятна́дцатый fifteenth
пятна́дцать fifteen
пя́тница Friday
пя́тый fifth
пять five
пятьдеся́т fifty

Р

рабо́та work, job
рабо́тать to work
рабо́тник employee
рабо́чий *adj* working, worker
рабо́чий день workday
рад *sfa* is glad
ра́дио radio
раз once
разгова́ривать to talk
ра́зный *adj* different
ра́но early
ра́ньше *c adj* earlier, before
расписа́ние schedule
рассказа́ть to tell
расте́ние plant
ребёнок child, baby
ре́вность *f* jealousy
ре́гби rugby
регистрату́ра reception
ре́дко rarely
река́ river
рекла́мный *adj* advertising
рекомендова́ть to recommend
реко́рд record
ресни́ца eyelash
рестора́н restaurant

реце́пт recipe
реша́ть to solve, to resolve
реши́ть *perf from* реша́ть
Рим Rome
рис rice
ро́вно exactly
роди́тель *m* parent
ро́за rose
ро́зовый pink
Росси́я Russia
рост height
рот mouth
руба́шка shirt
рубль *m* ruble
рука́ arm, hand
руле́тик roll
ру́сский (nationality) Russian
  (male)
ру́сская (nationality) Russian
  (female)
ру́сский *adj* Russian
ру́сый ash-blond
ру́чка pen
ры́ба fish
ры́жий reddish-brown
ры́нок market
ряд row
ря́дом с beside, next to

С

с, со with, from
сад *n* garden
сади́ться to sit down, to board
  (a vehicle)
садо́вый *adj* garden
саксофо́н saxophone
саксофони́ст saxophonist

салáт salad

сам by oneself (without any help)

самокáт scooter

сáмый the one, the very

сантимéтр centimeter

Сан Франци́ско San Francisco

сáхар sugar

свáдьба *n* wedding

свáдебный *adj* wedding

свéжий fresh

свеклá beet, beetroot

свéтлый *adj* light

свидáние date

свидéтель best man, witness

свидéтельница maid of honor, witness

свини́на *n* pork

свинóй *adj* pork

сви́тер sweater

свобóдно *adv* free, fluently

свобóдный *adj* free

свой somebody's own

сдавáться to give up

сдáча change

сдéлать *perf from* дéлать

себя́ at oneself

сегóдня today

сегóдняшний *adj* today

седóй grey (hair)

седьмóй seventh

сейчáс now, at this moment

секретáрь secretary (male)

секретáрша secretary (female)

секýнда second

семнáдцатый seventeenth

семнáдцать seventeen

сéмьдесят seventy

семья́ family

сентя́брь *m* September

сéрдце heart

серéбряный *adj* silver

сéрый grey

серьёзный serious, important

сестрá sister

сесть *perf form* сади́ться

сигáра cigar

сигарéта cigarette

сигнáл signal

сидéть to sit

си́льный *adj* strong

симпати́чный pretty, cute

си́ний blue

систéма system

сирéнь *f* lilac

сказáть *perf from* говори́ть

скáзка fairy tale

скандáльный scandalous

сковорóдка frying pan

скóлько how much, how many

скóрая пóмощь ambulance

слáва fame

слáва Бóгу! Thank God!

слáдкий sweet

слéва on the left

слéдующий next

сли́ва plum

сли́вки whipping cream

сли́шком too, too much

словáрь *m* dictionary

слýшать to listen

слы́шать to hear

слóво word

слон elephant

слю́нки *pl* saliva

сметáна sour cream

смотре́ть to look
снег snow
снима́ться в кино́ to act in a film
соба́ка dog
собра́ние business meeting
собра́ть *perf from* собира́ть
сове́товаться to consult
совсе́м completely
Сове́тский Сою́з Soviet Union
соедини́ть *perf from* соединя́ть
соединя́ть to connect
солёные огурцы́ pickled cucumbers
солёный *adj* salty
сок juice
со́лнце sun
солове́й nightingale
соль *f* salt
сообще́ние message
со́рок forty
сосе́д neighbor
сосе́дний neighboring
сотру́дник co-worker
сотру́дничать collaborate
со́ус sauce
Софи́я Sofia
сочине́ние essay
спа́льня bedroom
спа́ржа asparagus
Спарта́к Spartacus
спаси́бо thank you
спать to sleep
спекта́кль *m* play, performance
специализи́рованный *adj* specialized
спина́ back (body)
спи́чки matches

спорт sport
спорти́вный *adj* athletic
спортсме́н sportsman, athlet
спра́ва *adv* on the right
справедли́вость *f* justice
спра́шивать to ask
среда́ Wednesday
срок period
сро́чная по́мощь emergency
сро́чный *adj* urgent
ссо́риться to quarrel
ста́вить to put
стадио́н stadium
стака́н glass
станда́рт *n* standard
станда́ртный *adj* standard
ста́нция station
стари́нный ancient
ста́рше *c adj* older
ста́рший *adj* older, elder
ста́рый old
стать to become
статья́ article
сте́нка wall, wall unit
стира́льный *adj* washing
стихи́ poetry
сто hundred
сто́имость *f* cost, value
стол table
сто́лик small table
столкну́ться *refl* to run into, to collide
столо́вая *adj* cafeteria
столо́вое вино́ table wine
столо́вый *adj* table
столи́ца capital
сто́ить to cost
сто́лько so much

стоп stop
стоя́ть to stand
страна́ country
страх fear
страхово́й по́лис insurance
стресс stress
стричь to give a haircut, to trim
стро́йный slim
студе́нт student (college or
    University)
студе́нтка student (female)
студе́нческий *adj* student
стул chair
сту́лья chairs
суббо́та Saturday
субти́тр subtitle
сувени́р souvenir
су́мка bag
суп soup
су́тки 24 hours
существова́ть to exist
сходить *perf from* ходи́ть
Счастли́во! All the best! Good
    luck!
счита́ть to calculate, to count
съесть *perf from* есть
сын son
сыновья́ sons
сыр cheese
сэконо́мить *perf from*
    эконо́мить

Т

так so, really
та́кже also
такси́ taxi
тако́й so, such, like this

тако́й же the same
там there
тамо́женник customs officer
тамо́женный *adj* customs
тамо́жня *n* customs
танцева́ть to dance
та́пки slippers
тари́ф rate, tariff
твой your (informal)
тво́рог cottage cheese
т. д. (так далее) etc.
теа́тр theater
текст text
телеви́зор TV set
телефо́н *n* phone
телефо́нный *adj* phone
те́ло body
теля́тина veal
темнота́ darkness
тепе́рь now, nowadays
те́ннис tennis
тепе́рь now
террито́рия territory
те́сто dough
тёмный dark
тигр tiger
ти́хо quiet
то that
това́рищ comrade, friend
тогда́ then
то есть in other words
то́же also, too
то́лько just, only
то́лько что just
тома́т tomato paste
тон hue (в тон to match smth)
то́нкий thin
тоннéль *m* tunnel

торго́вый *adj* trade

торго́вый центр shopping center

Торо́нто Toronto

торт cake

торше́р floor lamp

то́чно precisely, for sure

тра́вма trauma

трамва́й tram

тра́нспорт transport, transportation

тра́тить to spend (on smth)

тренажёрный зал gym

тре́тий third

три three

три́дцать thirty

трина́дцатый thirteenth

трина́дцать thirteen

тро́гать to touch

тролле́йбус trolleybus

трудне́е *c adj* more difficult

тру́дный *adj* difficult

трюк trick

туале́т toilet, restroom

туда́ that way

туда́ и обра́тно round trip

тури́ст tourist

ту́фля shoe

ты you (informal sing)

ты́сяча thousand

У

у by, at

удиви́тельно *adv* surprisingly

удо́бно *adv* comfortable, convenient

удо́бный *adj* comfortable, convenient

узна́ть to find out

у́жас horror, terror

уже́ already

у́жин supper

у́жинать to have supper

узна́ть to find out

у́зкий narrow

Украи́на Ukraine

украи́нец (nationality) Ukrainian (male)

украи́нка Ukrainian (female)

у́лица street

улу́чшенный improved

улы́бка *n* smile

умере́ть to die

у́мный smart

умыва́ть to wash up somebody

умыва́ться *refl* to wash up oneself

универма́г department store

университе́т university

упакова́ть *perf from* пакова́ть

упражне́ние exercise

уро́к lesson

уста́ть to get tired

утвержда́ть to prove, to claim

у́тро morning

у́хо ear

участко́вый *adj* district

уче́бный educational

учени́к schoolboy

учени́ца schoolgirl

учи́тель *m* teacher (elementary, high school)

учи́тельница teacher (female)

учи́ть/вы́учить to learn

учи́ться to study, to attend
у́ши *pl* ears
ую́тный *adj* cozy

Ф

факс fax
факульте́т faculty
фами́лия last name
фасо́ль *f* beans
февра́ль *m* February
феноме́н phenomenon
фе́рмер farmer (male)
фе́рмерша farmer (female)
фи́зика physics
физкульту́ра Physical Education
фильм film
фи́рма firm
фи́рменное блю́до specialty of the house
фиста́шковый *adj* pistachio
фо́рма form, variant
фотоаппара́т camera
фо́то photo
фотогра́фия photo
фра́за phrase
Фра́нция France
францу́з (nationality) French (male)
францу́женка (nationality) French (female)
францу́зский *adj* French
фрукт fruit
футбо́л soccer
футбо́лка T-shirt

Х

хала́т bathrobe, dressing gown
хи́мия Chemistry
хлеб bread
ходи́ть to go, (by foot), to visit
хозя́ин master, owner
хокке́й hockey
холоди́льник refrigerator
хо́лод *n* cold
хо́лодно *adv* cold
холо́дный *adj* cold
хоро́ший *adj* good
хорошо́ *adv* OK, well, good
хоте́ть to want
хотя́ although
хруста́льный *adj* crystal
худоща́вый lean
ху́же *с adj* worse

Ц

цвет color
цветы́ flowers
целова́ть to kiss
це́лый whole, entire
цель *f* purpose
центр center
цена́ price
цепо́чка delicate chain
це́рковь *f* church

Ч

чай tea
час hour
ча́сто often
часы́ *pl* clock, watch

ча́шка cup
чек check
чей whose
челове́к person
чемода́н suitcase
чемпио́н champion
чесно́к garlic
четве́рг Thursday
че́тверть *f* quarter
четвёртый fourth
четы́ре four
четы́рнадцатый fourteenth
четы́рнадцать fourteen
че́рез in (regarding time: in 2 min)
чёрный black
Чика́го Chicago
число́ date, number
чита́ть to read
чита́ться *refl* to be read
что what, that
что́бы in order to
что-то something
что-нибу́дь anything, something
чу́вствовать to feel

Ш

шампа́нское *adj* champagne
ша́рик small ball, balloon
шестна́дцатый sixteenth
шестна́дцать sixteen
шесто́й sixth
шесть six
шестьдеся́т sixty
шея neck
шик *n* chic, style

шика́рный *adj* splendid, chic
широ́кий wide
шко́ла school
шко́льник schoolboy
шко́льница schoolgirl
шокола́д *n* chocolate
шокола́дный *adj* chocolate
шо́рты shorts
штат state (administrative unit)
штамп stamp
шум noise
шу́мный noisy
шути́ть to joke

Щ

щено́к puppy

Э

экза́мен test
эконо́мика economy
эконо́мить to save
экономи́ческий *adj* economical
экспе́рт expert
элега́нтный elegant
электро́нный electronic
электро́нная по́чта email
электро́нное письмо́ an email
эмигра́нт emigrant
эта́ж floor, story
э́то this

Ю

юри́ст lawyer

Я

я I
я́блоко *n* apple
я́блочный *adj* apple
язы́к language, tongue
яи́чница fried eggs
яйцо́ egg
янва́рь *m* January

янта́рь *m* amber
япо́нец (nationality) Japanese (male)
Япо́ния Japan
япо́нка (nationality) Japanese (female)
япо́нский *adj* Japanese
я́ркий *adj* bright

Англо-русский словарь

A

able **мочь**

about **о**

above **над**

absolutely **абсолю́тно**

accident **ава́рия**

accountant **бухга́лтер**

accounting **бухгалте́рия**

act in a film **снима́ться в кино́**

active **акти́вный**

actor **актёр, арти́ст**

actress **актри́са, арти́стка**

add **добавля́ть**

address **а́дрес**

administration **администра́ция**

administrator **администра́тор**

adore **обожа́ть**

advertising **рекла́мный**

(to be) afraid (of) *v* **боя́ться**

Africa **А́фрика**

after all **ведь**

age **во́зраст**

ago **наза́д**

airport **аэропо́рт**

album **альбо́м**

alike *sfa* **похо́ж**

all **все** (animate and inanimate)

all **всё** (inanimate)

alley **переу́лок**

all right **ла́дно**

almost **почти́**

alone **оди́н**

alphabet **алфави́т**

already **уже́**

also **то́же, та́кже**

although **хотя́**

always **всегда́**

amber *m* **янта́рь**

ambulance **ско́рая по́мощь**

America **Аме́рика**

American (nationality)

    америка́нец (male)

    америка́нка (female)

American *adj* **америка́нский**

among **ме́жду**

amphitheatre **амфитеа́тр**

ancient **стари́нный**

and **а, и**

anecdote **анекдо́т**

animal *m* **зверь**

another **друго́й**

answer *n* **отве́т**

answer *v* **отвеча́ть**

antibiotic **антибио́тик**

any **любо́й, вся́кий**

anybody **кто-нибу́дь, любо́й**

anything **что-нибудь**

apartment **кварти́ра**

appetizer **заку́ска**

apple *n* **я́блоко**

apple *adj* **я́блочный**

apply (an ointment) **нама́зать**

apricot **абрико́с**

April *m* **апре́ль**

aquarium **аква́риум**

aquiline орли́ный
Arabic *adj* ара́бский
arm рука́
armchair кре́сло
arrival прибы́тие
arrive прие́хать (by
    transportation), прийти́ (by
    foot)
article статья́
ash-blond ру́сый
ask спра́шивать
ask for проси́ть
assorted cheese tray сы́рное
    ассорти́
asparagus спа́ржа
Astana Аста́на
at в, за, на, у
athlet спортсме́н
athletic спорти́вный
at least по кра́йней ме́ре
August а́вгуст
autumn *f n* о́сень
autumn *adj* осе́нний
avocado авока́до

B

baby ребёнок
back (part of the body) *n* спина́
back (direction) *adv* наза́д,
    обра́тно
bad *adj* плохо́й
badly *adv* пло́хо
badminton бадминто́н
bag су́мка
baggage бага́ж
baguette бато́н
bakery *adj* бу́лочная

balcony балко́н
bald лы́сый
ballerina балери́на
ballet балет
balloon ша́рик
banana бана́н
bank банк
bank (of the river) бе́рег
bar бар
basketball баскетбо́л
bathrobe хала́т
bathroom ва́нная
be быть
beans *f* фасо́ль
become стать
because потому́ что
beautiful краси́вый
beauty краса́вица
bedroom спа́льня
bee пчела́
beef говя́дина
beer пи́во
beetle жук
beetroot свекла́
beetroot soup борщ
before пе́ред, ра́ньше
beforehand зара́нее
beginning нача́ло
behind за
beige бе́жевый
Beijing Пеки́н
believe ве́рить
bell pepper болга́рский пе́рец
belongings ве́щи
beloved люби́мый
belt по́яс
bergamot берга́мот
Berlin Берли́н

beside **ря́дом с**
best **лу́чший**
best man (at the wedding)
  свиде́тель
better **лу́чше**
between **ме́жду**
beverages **напи́тки**
bicycle **велосипе́д**
big **большо́й**
billiards *n* **билья́рд**
billiard *adj* **билья́рдный**
birthday **день рожде́нья**
black **чёрный**
block **блок**
blue **си́ний**
boat **кора́блик** (little)
board (a vehicle)
  сади́ться/сесть
body **те́ло**
bone *f* **кость**
book *n* **кни́га**
book *v* **зака́зывать/заказа́ть**
брони́ровать/заброни́ровать
boss **нача́льник, босс**
botanical **ботани́ческий**
botany **бота́ника**
bottle **буты́лка**
bouquet **буке́т**
boxing *n* **бокс**
boy **ма́льчик** (little)
bracelet **брасле́т**
bread **хлеб**
break **переры́в**
breakfast *n* **за́втрак**
  to have breakfast *v*
  за́втракать/поза́втракать
breeze **бриз**
  brief case *m* **портфе́ль**

bright *adj* **я́ркий**
brother **брат**
brothers **бра́тья**
brown **кори́чневый**
dark brown (for eyes) **ка́рий**
Budapest **Будапе́шт**
Buddha **Бу́дда**
building **дом, зда́ние**
Bulgaria **Болга́рия**
bulky **громо́здкий**
bun **бу́лочка**
bus *n* **авто́бус**
bus *adj* **авто́бусный**
bus (small shuttle)
  маршру́тное такси́
business *n* **де́ло, би́знес**
business *adj* **делово́й**
business card **визи́тная**
  ка́рточка
businessman **бизнесме́н**
business meeting **собра́ние**
business trip **командиро́вка**
busy *sfa* **за́нят**
but **но**
butter **ма́сло**
buttermilk **кефи́р**
button **кно́пка**
buy **покупа́ть/купи́ть**
buyer *m* **покупа́тель**
by **у**
bye **пока́** (informal)
by foot *adv* **пешко́м**
by the way **кста́ти**

C

cabbage **капу́ста**
café **кафе́**

cafeteria *adj* столо́вая
cake торт
calculate счита́ть/посчита́ть
calculator калькуля́тор
California Калифо́рния
Californian *adj*
    калифорни́йский
call (phone) *n* звоно́к, вы́зов
call звони́ть/позвони́ть (on
    the phone)
call *refl v* называ́ться (be
    called)
call for вызыва́ть/вы́звать
camera фотоаппара́т
campsite ке́мпинг
can (jar, tin) *n* ба́нка
can *v* мочь
Canada Кана́да
canned food консе́рвы
capital (city) столи́ца
capital (money) капита́л
captain капита́н
car маши́на
card ка́рточка
cardinal кардина́л
carnival *adj* карнава́льный
carrot *f* морко́вь
carry *v* вози́ть/везти́
cartoon мультфи́льм
cash *pl* нали́чные
cashier касси́р
cash register ка́сса
cassette кассе́та
cat кот (male), ко́шка (female)
category катего́рия
celebrate пра́здновать
center центр
centimeter сантиме́тр

century век
chair стул
chairs сту́лья
centimeter сантиме́тр
certain не́который,
    определённый
chain (delicate) цепо́чка
champagne *adj* шампа́нское
champion чемпио́н
chandelier лю́стра
change *v* меня́ть,
change *n* сда́ча
channel кана́л
chapter глава́
chat болта́ть
cheap *adj* дешёвый
cheaper деше́вле
check *n* чек
check *v* прове́рить
checking in *n* (at a hotel)
    заселе́ние
cheerful весёлый
cheese сыр
Chemistry хи́мия
chequered кле́тчатый
cherry ви́шня
chest *f* грудь
chestnut *adj* кашта́новый
chic *n* шик
chic *adj* шика́рный
Chicago Чика́го
chicken (food) ку́рица
child ребёнок
children *n* де́ти
children's *adj* де́тский
children's playground де́тская
    площа́дка
China Кита́й

Chinese (nationality)
китаец (male),
китаянка (female)
Chinese *adj* китайский
chocolate *n* шоколад
chocolate *adj* шоколадный
choose выбирать/выбрать
chop (pork, lamb)
adj отбивная
chubby полный
church *f* церковь
cigar сигара
cigarette сигарета
city город
class класс
classic *adj* классический
classroom класс
client клиент
clock *pl* часы
close *adj* близкий
closer *c adj* ближе
club клуб
Coca-Cola кока-кола
cocoa какао
code код
coffee *m* кофе
cognac коньяк
cold *n* холод
cold *adj* холодный
cold *adv* холодно
collaborate сотрудничать
collar (for a dog) ошейник
colleague коллега
college колледж
collide столкнуться
color цвет

come приехать (by
transportation), прийти (by
foot)
comfortable *adj* удобный
comfortable *adv* удобно
communicate общаться
company компания
compiler компилятор
completely совсем
composer композитор
computer компьютер
comrade товарищ
concert концерт
conditioner кондиционер
conductor кондуктор
Congratulations! Поздравляю!
connect
соединять/соединить
context контекст
control *m* контроль
Convenient удобный
cook готовить/приготовить
cookie печенье
cool классный (good)
cool *adv* класс
correct *adj* правильный
corn кукуруза
corrida коррида
corridor коридор
cosmos космос
cost *f n* стоимость
cost *v* стоить
costume костюм, наряд
cottage cheese творог
couch диван
count считать/посчитать
country страна
country house дача

course курс (colledge)
блю́до (dinner)
co-worker сотру́дник
cozy *adj* ую́тный
cram зубри́ть/вы́зубрить
create *v* образова́ть
crocodile крокоди́л
cross *n* кре́стик (small)
cross *v* пересека́ть
crystal *adj* хруста́льный
Cuba Ку́ба
Cuban (nationality)
куби́нец (male),
куби́нка (female)
Cuban *adj* куби́нский
cucumber огуре́ц
cup ча́шка
curly *adj* вью́щийся,
кудря́вый
currency валю́та
customs *n* тамо́жня
customs *adj* тамо́женный
customs officer тамо́женник
customer *m* покупа́тель
cute симпати́чный

D

dad па́па
dance танцева́ть
dark тёмный
darkness темнота́
date число́ (number), свида́ние
(romantic meeting)
daughter дочь
day *m* день
day off выходно́й
dean дека́н

dear дорого́й
December *m* дека́брь
declaration деклара́ция
depart
отправля́ться/отпра́виться
department store универма́г
departure отправле́ние
designer диза́йнер
desert пусты́ня
dessert десе́рт
device маши́на
diagnosis диа́гноз
dial набира́ть/набра́ть
dialogue диало́г
dictation дикта́нт
dictionary *m* слова́рь
die умере́ть
difficult тру́дный
different ра́зный
diploma дипло́м
director дире́ктор
discotheque дискоте́ка
discuss обсужда́ть
dish блю́до
disk диск
district *adj* участко́вый
do де́лать/сде́лать
document докуме́нт
documentary
документа́льный фильм
doctor врач
dog соба́ка
dollar до́ллар
door *f* дверь
domestic *adj* дома́шний
dormitory общежи́тие
doorway подъе́зд
dough те́сто

dream *v* мечта́ть
dress пла́тье
dressing gown хала́т
drink пить
driving *n* вожде́ние
driver *m* води́тель
drug нарко́тик
dumpling with non-meat fillings
 варе́ник
dumpling with meat *m*
 пельме́нь
dwelling прожива́ние
dye кра́сить

E

easy *adv* легко́
easier *c adj* ле́гче
earlier *c adj* ра́ньше
early *adv* ра́но
eat есть/съесть
economy эконо́мика
educational уче́бный
economical *adj*
 экономи́ческий
egg яйцо́
eggplant баклажа́н
eight во́семь
eighteenth восемна́дцатый
eighteen восемна́дцать
eighth восьмо́й
eighty во́семьдесят
elder ста́рший
electronic электро́нный
elegant элега́нтный
elephant слон
elevation подъём
elevator лифт

eleventh оди́ннадцатый
eleven оди́ннадцать
email электро́нное письмо́
emails электро́нная по́чта
emergency сро́чная по́мощь
emigrant эмигра́нт
employee рабо́тник
end *refl* конча́ться
engineer инжене́р
engineer (ing) *adj*
 инжене́рный
England А́нглия
English *adj* англи́йский
Englishman англича́нин
Englishwoman англича́нка
enter (by vehicle) въе́хать
enter (university, college)
 поступи́ть
entire це́лый
enough доста́точно
entrance (for vehicles) въезд
envelope конве́рт
error оши́бка
essay сочине́ние
etc. т. д. (так да́лее)
eternal ве́чный
euro е́вро
European *n* европе́ец (male),
 европе́йка (female)
evening *n* ве́чер
evening *adj* вече́рний
every ка́ждый
everything всё
exactly ро́вно, то́чно
example образе́ц
excellent *adv* отли́чно
excuse me извини́те
exercise упражне́ние

exhibition вы́ставка
exist существова́ть
exit *n* вы́ход
expect ждать
expensive *adj* дорого́й
expensive *adv* до́рого
expert экспе́рт
explain объясня́ть/объясни́ть
eye глаз
eye brow *f* бровь
eyes глаза́
eyelash ресни́ца

F

face лицо́
factory заво́д
faculty факульте́т
fairy tale ска́зка
fall (season) *f n* о́сень
fall (season) *adj* осе́нний
family семья́
famous знамени́тый,
    изве́стный
fancy наря́дный
farmer фе́рмер (male)
    фе́рмерша (female)
far далеко́
fast *adv* бы́стро
faster *c adj* быстре́е
father оте́ц
favorite люби́мый
fax факс
fear *n* страх
fear *v* боя́ться
February *m* февра́ль
feel чу́вствовать
fellow па́рень

few не́сколько
fifteenth пятна́дцатый
fifteen пятна́дцать
fifth пя́тый
fifty пятьдеся́т
fill out заполня́ть/запо́лнить
film фильм
final destination пункт
    назначе́ния
find находи́ть/найти́
find out узна́ть
finger па́лец
finish *refl* конча́ться
firm фи́рма
fir tree ёлка
first пе́рвый
first name и́мя
first of all во-пе́рвых
fish ры́ба
five пять
fleshy мяси́стый
floor пол
floor (story) эта́ж
floor lamp торше́р
flour мука́
flowers цветы́
fluently свобо́дно
fluffy пуши́стый
fly *v* лета́ть/лете́ть
folder па́пка
folk *adj* наро́дный
food *pl* проду́кты, еда́
for для, на
for a long time *adv* до́лго
foreign иностра́нный
form фо́рма
former *adj* бы́вший
forty со́рок

four **четы́ре**
fourteenth **четы́рнадцатый**
fourteen **четы́рнадцать**
fourth **четвёртый**
France **Фра́нция**
French (nationality) **францу́з** (male), **францу́женка** (female)
French *adj* **францу́зский**
free *adv* **свобо́дно**
free *adj* **свобо́дный**
free of charge *adj* **беспла́тный**
free of charge *adv* **беспла́тно**
fresh **све́жий**
Friday **пя́тница**
fried eggs **яи́чница**
friend **друг, това́рищ**
friend (female) **подру́га**
friends **друзья́**
from **из, от, с(о)**
from here **отсю́да**
fruit **фрукт**
fry **жа́рить**
full **по́лный**
funny story **анекдо́т**

G

gait **похо́дка**
gallery **галере́я**
garage **гара́ж**
garden *n* **сад**
garden *adj* **садо́вый**
garlic **чесно́к**
geologist **гео́лог**
Geography **геогра́фия**
German (nationality) **не́мец** (male),

не́мка (female)
German *adj* **неме́цкий**
Germany **Герма́ния**
Georgian **грузи́н**
get off **выходи́ть**
get up **встава́ть**
get **взять**
to get used to **привыка́ть/привы́кнуть**
gift **пода́рок**
giraffe **жира́ф**
girl **де́вочка** (little) **де́вушка** (in her late teens)
give **дава́ть/дать**
give **дари́ть** (a present)
give up **сдава́ться**
glass **стака́н**
glasses **очки́** (spectacles)
go (by foot) **идти́, ходи́ть**
go (by transportation) **е́здить**
go out **выходи́ть**
goblet **бока́л**
God **Бог**
golden **золото́й**
good *adj* **хоро́ший**
Good luck! **Счастли́во!**
gradually **постепе́нно**
gram **грамм**
granddaughter **вну́чка**
grandfather **де́душка**
grandmother **ба́бушка**
grandson **внук**
grapes *sing* **виногра́д**
green **зелёный**
greet **здоро́ваться**
grey **се́рый**
grey (hair) **седо́й**
groceries *pl* **проду́кты**

group гру́ппа
Guinness Ги́ннес
guest *m* гость
guitar гита́ра
guy па́рень
gym тренажёрный зал
gymnastics гимна́стика

H

hair *pl* во́лосы
hairdressing salon
    парикма́херская
half полови́на
hall зал, *m* вестибю́ль
hand *f* кисть, рука́
hang висе́ть
happen получа́ться
have to до́лжен, на́до
he он
head голова́
healthcare медици́на
hear слы́шать
heart се́рдце
hedgehog ёж
height рост
Hello! Здра́вствуйте! (polite)
Hello! (when speaking on the
    phone) Алло́!
help *f n* по́мощь
help *v* помо́чь
hen ку́рица
her её
hero геро́й
herbs *f* зе́лень
here здесь, вот, вот здесь
Hi! (informal) приве́т
hippopotamus бегемо́т

his его́
historical *adj* истори́ческий
history исто́рия
hockey хокке́й
hole ды́рка
home *n* дом
home *adj* дома́шний
horror у́жас
horse *m* конь
hospital больни́ца, го́спиталь
    m (military)
hot *adj* горя́чий, жа́ркий
hot *adv* горячо́, жа́рко
hotel гости́ница, оте́ль *m* (big)
hour час
house дом, зда́ние
how как
how much, how many ско́лько
hue тон
huge огро́мный
hundred сто
Hungarian *adj* венге́рский
hungry голо́дный
hurt *v* боли́т
husband муж

I

I я
ice-cream моро́женое
identical одина́ковый
if е́сли
ill *v* боле́ть/заболе́ть
important *adj* ва́жный,
    серьёзный
improved улу́чшенный
in в, на

in (regarding time: in 2 min)
     че́рез
India **И́ндия**
Indian *adj* **инди́йский**
inflation **инфля́ция**
information **информа́ция**
in front of **пе́ред**
insurance **страхово́й по́лис**
Internet **интерне́т**
interpreter **перево́дчик** (male)
     перево́дчица (female)
into **в**
invitation *n* **вы́зов,**
     приглаше́ние
invite **приглаша́ть/пригласи́ть**
issue **вопро́с**
it (the object of neuter gender)
     оно́
Italian (nationality)
     италья́нец (male)
     италья́нка (female)
Italian *adj* **итальянский**
Italy **Ита́лия**

J

jam **варе́нье**
January *m* **янва́рь**
Japan **Япо́ния**
Japanese (nationality) **японец**
     (male), **япо́нка** (female)
Japanese *adj* **япо́нский**
jar **ба́нка**
jealousy *f* **ре́вность**
jeans **джи́нсы**
job **рабо́та**
joke *v* **шути́ть**
juice **сок**

July *m* **ию́ль**
June *m* **ию́нь**
just **то́лько, про́сто**
justice *f* **справедли́вость**

K

Kazakh (nationality)
     каза́х (male)
     каза́шка (female)
Kazakh *adj* **каза́хский**
Kazakhstan **Казахста́н**
key **ключ**
Kiev **Ки́ев**
kind **до́брый**
kiosk **кио́ск**
kiss *v* **целова́ть**
kitchen *n* **ку́хня**
kitchen *adj* **ку́хонный**
kitchen cabinets **кухонная**
     сте́нка
knee **коле́но**
knife **нож**
know **знать**

L

lace *pl* **кружева́**
lacquered **ла́ковый**
lake **о́зеро**
lamp **ла́мпа, торшер** (floor
     lamp)
language **язы́к**
last **после́дний** (the last in a
     row), **про́шлый** (the one that
     passed)
last name **фами́лия**
late *adv* **по́здно** [позна]

to be late
опа́здывать/опозда́ть

later on по́зже [пожже]

lawyer юри́ст

leaf лист

lean худоща́вый

learn учи́ть/вы́учить

leaves *pl* ли́стья

left *adv* on the left сле́ва, to
the left нале́во

left *adj* ле́вый

leg нога́

legend леге́нда

legend says (set expression)
леге́нда гласи́т

lemon лимо́н

lemonade лимона́д

less ме́ньше

lesson уро́к

letter письмо́

let's дава́й(те)

library библиоте́ка

lie лежа́ть

life *f* жизнь

light *adj* све́тлый

light blue голубо́й

like *v* нра́вится/понра́виться

lilac *f* сире́нь

lily ли́лия

limousine лимузи́н

line ли́ния

lip губа́

listen слу́шать

liter литр

literature литерату́ра

little *adj* ма́ленький

little *adv* ма́ло

a little bit *adv* немно́жко

liqueur ликёр

live жить

living room зал, гости́нная

lobby *m* вестибю́ль

located (to be located)
находи́ться

London Ло́ндон

long дли́нный

look смотре́ть/посмотре́ть

look for иска́ть

loud *adj* гро́мкий

loudly *adv* гро́мко

love *v* люби́ть

lunch *n* обе́д

have lunch *v*
обе́дать/пообе́дать

lunch *adj* обе́денный

lower *c adj* ни́же

lower *adj* ни́жний

M

machine автома́т

Madrid Мадри́д

mafia ма́фия

magazine журна́л

magazine *adj* журна́льный

maid of honor свиде́тельница

main основно́й

make де́лать/сде́лать

man мужчи́на [мущина]

man (young) молодо́й челове́к

manager ме́неджер

mandarin мандари́н

many *adj* мно́гие

many *adv* мно́го

map ка́рта

March март

market **ры́нок**
marvelous **изуми́тельный**
mask **ма́ска**
massage **масса́ж**
masseur **массажи́ст**
master **хозя́ин**
matches **спи́чки**
Math **матема́тика**
mature **зре́лый**
May **май**
mayonnaise **майоне́з**
meat **мя́со**
meatball **котле́та**
medal *f* **меда́ль**
medical *adj* **медици́нский**
medicine **лека́рство**
meet **встреча́ть, встреча́ться,
    знако́миться**
meeting **встре́ча** (casual),
    собра́ние (business)
melon **ды́ня**
menu **меню́**
message **сообще́ние**
metal **мета́лл**
metro **метро́**
Mexico **Ме́ксика** (country),
    Ме́хико (city)
microscope **микроско́п**
midday *m* **по́лдень**
midnight *f* **по́лночь**
milk **молоко́**
mineral **минера́льный**
minister **мини́стр**
mint **мя́та**
minus **ми́нус**
minute **мину́та**
mirage **мира́ж**
mirror **зе́ркало**

mistake **оши́бка**
mobile **моби́льный**
Mohammed **Магоме́т**
mom **ма́ма**
moment **моме́нт**
Monday **понеде́льник**
money *pl* **де́ньги**
month **ме́сяц**
more **ещё**
morning **у́тро**
Moscow **Москва́**
mother **мать**
motorcycle **мотоци́кл**
motorcyclist **мотоцикли́ст**
mouse trap **мышело́вка**
mouth **рот**
movement **движе́ние**
movie **кино́**
Mozart **Мо́царт**
much **мно́го**
much better **гора́здо лу́чше**
multistory *adj* **многоэта́жный**
Muscovite **москви́ч** (male),
    москви́чка (female)
museum **музе́й**
music **му́зыка**
musical **музыка́льный**
musician **музыка́нт**
must **до́лжен**
my **мой**

N

name (first) **и́мя**
narrow **у́зкий**
nationality **национа́льность**
natural **есте́ственный**
near **о́коло**

necessary на́до, ну́жно
neck ше́я
necktie га́лстук
neighbor сосе́д
neighboring сосе́дний
new *adj* но́вый
New Jersey Нью Дже́рси
newspaper газе́та
New York Нью Йорк
next сле́дующий
next to ря́дом с
nicotine никоти́н
night *f* ночь
nightingale солове́й
nine де́вять
nineteenth девятна́дцатый
nineteen девятна́дцать
ninth девя́тый
ninety девяно́сто
no нет
noise шум
noisy *adj* шу́мный
nominee номина́нт
noon *m* по́лдень
norm но́рма
nose нос
not не
note но́та
nothing ничего́ [ничиво]
November *m* ноя́брь
now сейча́с [сичас], тепе́рь
nuance нюа́нс
number но́мер, число́
nurse медсестра́ (female)
nut оре́х

O

occupied *sfa* за́нят

October *m* октя́брь
of course коне́чно [канешна]
office кабине́т, о́фис
often ча́сто
Oh! А!
oil ма́сло
ointment *f* мазь
OK *adv* ла́дно, хорошо́
old *adj* ста́рый
older ста́рший
olive *adj* оли́вковый
olives оли́вки
on в, на
once раз
one оди́н
one and a half полтора́
one day как-то
oneself себя́, сам (without any
    help)
onion лук
only то́лько, всего́
on the contrary напро́тив
open *v* открыва́ть
(to get) open *refl*
    открыва́ться/откры́ться
opera *n* о́пера
opera *adj* о́перный
opinion мне́ние
opposite напро́тив
or и́ли
orange *n* апельси́н
orange *adj* апельси́новый
orchestra орке́стр
orchestra (seats) парте́р
order заказа́ть/зака́зывать
our наш
outfit наря́д
oval *adj* ова́льный

over here вот здесь
over there вон там
own *v* име́ть
owner хозя́ин

Р

pack собира́ть/собра́ть
paid , requiring payment
  пла́тный
pain *f* боль
paint *v* кра́сить
painting карти́на
pancake (flat) бли́нчик
pancake (puffy) ола́душек
panorama панора́ма
pants брю́ки
paper бума́га
paragraph абза́ц, пара́граф
parent *m* роди́тель
Paris Пари́ж
park парк
parking парко́вка
parliament парла́мент
parmesan пармеза́н
parrot попуга́й
parterre парте́р
partner партнёр
pass (to go through) *v* пройти́
pass (to transmit) *v* переда́ть
passer-by прохо́жий
patient пацие́нт
passenger пассажи́р
passport па́спорт
pastry with filling пирожо́к
patronymic name о́тчество
payment опла́та
peace мир

pear гру́ша
people наро́д, лю́ди
pen ру́чка
pencil каранда́ш
penicillin пеннicили́н
pension пе́нсия
pensioner пенсионе́р
people лю́ди
pepper пе́рец
Pepsi-Cola пе́пси-ко́ла
performance *m* спекта́кль
perfect отли́чно
period срок
person челове́к
personal персона́льный,
  ли́чный
pharmacy апте́ка
phenomenon феноме́н
phone *n* телефо́н
phone *adj* телефо́нный
photo фотогра́фия, фо́то
phrase фра́за
Physical Education
  физкульту́ра
physics фи́зика
picnic пикни́к
pickled cucumbers солёные
  огурцы́
pie пиро́г
pierce *v*
  прока́лывать/проколо́ть
pilot пило́т
pineapple анана́с
pink ро́зовый
ping-pong пинг-понг
pistachio *adj* фиста́шковый
pizza пи́цца
place ме́сто

place of interest *f* достопримеча́тельность

plumpy *adj* пу́хлый

plan *n* план

plant расте́ние, заво́д

platform платфо́рма

play *v* игра́ть

play *m n* спекта́кль

pleasant *adv* прия́тно

pleasant *adj* прия́тный

please пожа́луйста

plum сли́ва

plus плюс

pocket *n* карма́н

pocket *adj* карма́нный

poetry *pl* стихи́

Polish *adj* по́льский

politics *sing* поли́тика

polyclinic поликли́ника

polyglot полигло́т

poodle *m* пу́дель

popular *sfa* популя́рен

porch крыльцо́

pork *n* свини́на

pork *adj* свино́й

postal code и́ндекс

possess име́ть

possible мо́жно

post code и́ндекс

post office по́чта

poster плака́т

pot горшо́к

potato карто́шка (colloquial) *m* карто́фель (in the menu)

pour налива́ть

precisely то́чно

president президе́нт

pretty *adj* симпати́чный

price цена́

privilege льго́та

problem пробле́ма, вопро́с

profession профе́ссия

professor профе́ссор

profit *f n* при́быль

programmer программи́ст

project прое́кт

promise *v* обеща́ть

prophet проро́к

prove *v* утвержда́ть

proverb посло́вица

pub бар

pullover джémпер

punctual пунктуа́льный

puppy щено́к

puree пюре́

purpose *f* цель

put ста́вить

Q

quarrel *v* ссо́риться

quarter че́тверть, кварта́л

quicker *c adj* быстре́е

quickly *adv* бы́стро

question вопро́с

quiet *adv* ти́хо

R

radio ра́дио

rain *m* дождь

rarely ре́дко

rate тари́ф

read чита́ть/прочита́ть

real настоя́щий

really действи́тельно, так

recall
  вспомина́ть/вспо́мнить
reception регистрату́ра
recipe реце́пт
recommend рекомендова́ть
record *n* реко́рд
recycle bin му́сорная корзи́на
red кра́сный
reddish-brown ры́жий
refrigerator холоди́льник
registration of residence
  пропи́ска
remain остава́ться/оста́ться
remember по́мнить
remind напомина́ть
repeat повторя́ть
reschedule перенести́
resembling *sfa* похо́ж
resolve реша́ть/реши́ть
rest *v* отдыха́ть
restaurant рестора́н
restroom туале́т
retiree пенсионе́р
rice рис
ride прое́зд
right *adv* напра́во (to the
  right), спра́ва (on the right)
right *adj* пра́вый (hand, side)
ring *v* звони́ть/позвони́ть
river река́
road доро́га
roll *n* бу́лочка, руле́тик
Rome Рим
room ко́мната
  hotel room но́мер
rose *n* ро́за
rose *adj* ро́зовый
round *adj* кру́глый

row ряд
ruble *m* рубль
rugby ре́гби
run into столкну́ться
running бегу́щий
Russia Росси́я
Russian (nationality)
  ру́сский (male),
  ру́сская (female)
Russian *adj* ру́сский

S

salad сала́т
sales person продаве́ц (male),
  продавщи́ца (female)
saliva слю́ни, слю́нки
salt *f* соль
salty *adj* солёный
same одина́ковый, тако́й же
San Francisco Сан Франци́ско
Saturday суббо́та
sauce со́ус
sausage колбаса́
saxophone саксофо́н
saxophonist саксофони́ст
say говори́ть/сказа́ть
scandalous сканда́льный
schedule расписа́ние
school шко́ла
school bag *m* портфе́ль
schoolboy учени́к
school break *pl* кани́кулы
schoolgirl учени́ца
scooter самока́т
sea мо́ре
season вре́мя го́да
season pass проездно́й биле́т

seafood морепроду́кт

seat ме́сто

second второ́й (number)

second секу́нда (time)

second of all во-вторы́х

secretary секрета́рь (male),
   секрета́рша (female)

see ви́деть

semolina ма́нная ка́ша

September *m* сентя́брь

serious серьёзный

service обслу́живание

seven семь

seventeenth семна́дцатый

seventeen семна́дцать

seventh седьмо́й

seventy се́мьдесят

several не́сколько

share *v* дели́ться

she она́

shelf по́лка

shirt руба́шка

shoe ту́фля

shopper покупа́тель (male),
   покупа́тельница (female)

shopping center торго́вый
   центр

shorts шо́рты

short *adj* коро́ткий, ни́зкий

shorter *c adj* ни́же, коро́че

shoulder плечо́

show *v* показа́ть/пока́зывать

show *n* переда́ча (on TV)

shrimp креве́тка

sign (symbol) *n* знак

sign *v* подпи́сывать

sign board *n* вы́веска

signal сигна́л

silver *adj* сере́бряный

simply про́сто

sing петь

sister сестра́

sit сиде́ть

sit down сади́ться/сесть

six шесть

sixteenth шестна́дцатый

sixteen шестна́дцать

sixth шесто́й

sixty шестьдеся́т

sky-blue небе́сно-голубо́й

sleep спать

slim стро́йный

slipper та́пок

slowly ме́дленно

small *adj* ма́ленький

smaller *c adj* ме́ньше,
   поме́ньше

smart *adj* у́мный

smell *v* па́хнуть

smile *n* улы́бка

snow снег

so а, зна́чит, ну, так, тако́й

soap мы́ло

so much *adv* сто́лько

soccer футбо́л

social общи́тельный

sofa дива́н

Sofia Со́фия

solve реша́ть/реши́ть

some не́сколько, немно́го

somebody кто-то

somebody's own свой

somehow как-то

something что-то

sometime(s) иногда́

somewhere где-то

son сын
song песня
sons сыновья
sorry простите
souvenir сувенир
soup суп
sour кислый
sour cream сметана
Soviet Union Советский Союз
Spain Испания
Spanish (nationality)
    испанец (male)
    испанка (female)
Spanish *adj* испанский
Spartacus Спартак
speak говорить
specialized
    специализированный
specialty of the house
    фирменное блюдо
spend (at some place)
    проводить/провести
spend (on smth)
    тратить/потратить
spicy острый
splendid шикарный
spoil испортить, баловать
sport спорт
sportsman спортсмен
sprat килька
spring *n* весна
spring *adj* весенний
square *f n* площадь
square *adj* квадратный
stadium стадион
stamp марка (to glue on the
    envelope)
stamp (punch) штамп

stand стоять
standard *n* стандарт
standard *adj* стандартный
start начинать/начать
start *refl v*
    начинаться/начаться
State (public) *adj*
    государственный
state (administrative unit)
    штат
station станция
stay останавливаться/
    остановиться
still ещё
stomach живот
stop *n* стоп, остановка
stop *v* останавливаться/
    остановиться
store магазин
story (floor) этаж
story (tale) история
stove плита
straight *adv* прямо
straight *adj* прямой
strawberry клубника
steer править
street улица
stress *n* стресс
stroller коляска
strong *adj* крепкий, сильный
student (college or university)
    студент (male),
    студентка (female)
student *adj* студенческий
study заниматься, изучать,
    учиться
stuff *pl* вещи
subtitles субтитры

such *adj* **тако́й**
sugar **са́хар**
suit **костю́м**
suitable **подходя́щий**
suitcase **чемода́н**
summer *n* **ле́то**
summer *adj* **ле́тний**
sun **со́лнце**
Sunday **воскресе́нье**
sunflower oil **подсо́лнечное**
    ма́сло
supper *n* **у́жин**
supper *v* **у́жинать**
surprisingly *adv* **удиви́тельно**
swan *adj* **лебеди́ный**
sweater **сви́тер**
sweet **сла́дкий**
sweet peas **зелёный горо́шек**
swim **пла́вать**
swimming pool **бассе́йн**
switch *v* **переключи́ть**

T

table *n* **стол**
    small table **сто́лик**
table *adj* **столо́вый**
table wine **столо́вое вино́**
take **брать**
take care **всего́ хоро́шего**
talk **разгова́ривать**
tall **высо́кий**
tariff **тари́ф**
taste *n* **вкус**
tasty *adv* **вку́сно**
tasty *adj* **вку́сный**
tasty things (colloquial)
    вку́сности

taxi **такси́**
tea **чай**
teach **преподава́ть**
teacher (university or college)
    преподава́тель
teacher (elementary, high school)
    учи́тель (male)
    учи́тельница (female)
tease **дразни́ть**
television **телеви́зор**
tell **рассказа́ть, сказа́ть**
ten **де́сять**
tennis **те́ннис**
tenth **деся́тый**
territory **террито́рия**
test **экза́мен**
text **текст**
Thank God! **Сла́ва Бо́гу!**
thank you **спаси́бо**
that **то, что**
that is why **поэ́тому**
that way **туда́**
theater **теа́тр**
there **там, вон, вон там**
    (to) there **туда́**
therefore **поэ́тому**
their **их**
then **пото́м, тогда́**
they **они́**
thick **густо́й**
thin **то́нкий**
think **ду́мать**
third **тре́тий**
thirteenth **трина́дцатый**
thirteen **трина́дцать**
thirty **три́дцать**
this **э́то**
thousand **ты́сяча**

three три
throat го́рло
Thursday четве́рг
ticket биле́т
ticket collector конду́ктор
tiger тигр
till до
time вре́мя
tin ба́нка
to в, до, к, на
today *n* сего́дня
today's *adj* сего́дняшний
together вме́сте
toilet туале́т
token жето́н
tomato помидо́р
tomato paste тома́т
tomorrow *n* за́втра
tomorrow's *adj* за́втрашний
tongue язы́к
too то́же, та́кже
too, too much сли́шком
touch тро́гать
tourist тури́ст
toe па́лец
Toronto Торо́нто
towards к
tower ба́шня
track (railway) *m* путь
trade *adj* торго́вый
traffic jam про́бка
train по́езд
train car ваго́н
train station вокза́л
tram трамва́й
transfer
   переводи́ть/перевести́

translate
   переводи́ть/перевести́
translator перево́дчик
transport тра́нспорт
transportation тра́нспорт
trauma тра́вма
travel путеше́ствовать
travel bag доро́жная су́мка
tree де́рево
trees *pl* дере́вья
trick трюк
trim стричь/постри́чь
trolleybus тролле́йбус
try про́бовать/попро́бовать
truth пра́вда
T-shirt футбо́лка
Tuesday вто́рник
tunnel *m* тонне́ль
turn *v* поверну́ть
turn *f n* о́чередь
   to take turns по о́череди
turn off выключа́ть
turn on включа́ть
turned up (nose) курно́сый
twelve двена́дцать
twelfth двена́дцатый
twentieth двадца́тый
twenty два́дцать
two два
type *n* вид

U

Ukraine Украи́на
Ukrainian (nationality)
   украи́нец (male)
   украи́нка (female)
uncomfortable неудо́бный

under под
understand понима́ть
university университе́т
until до
until late at night допоздна́
upper ве́рхний
urgent сро́чный
use *v* испо́льзовать
usually обы́чно

V

value *f n* сто́имость
vanilla *adj* вани́льный
variant фо́рма, вариа́нт
vase ва́за
Vatican Ватика́н
veal теля́тина
vegetable *adj* овощно́й
vegetables о́вощи
vending machine автома́т
very о́чень
village дере́вня
virologist вирусо́лог
visit *n* визи́т
visit *v* посети́ть
vodka во́дка
volume объём
voter *m* избира́тель

W

wait ждать
walk гуля́ть/погуля́ть
wall, wall unit сте́нка
walnut гре́цкий оре́х
want хоте́ть
warm up нагрева́ть

Washington Вашингто́н
wash up (oneself) умыва́ться
watch *pl* часы́
water вода́
water melon арбу́з
way доро́га, *m* путь
we мы
weather пого́да
wedding *n* сва́дьба
wedding *adj* сва́дебный
Wednesday среда́
week неде́ля
weekend выходны́е
welcome пожа́луйста
well хорошо́, зна́чит, ну
well dressed *adj* наря́дный
wet мо́крый
what како́й, что, кото́рый
when когда́
where где
where to куда́
where from отку́да
which one кото́рый
whipping cream сли́вки
whiskey ви́ски
white бе́лый
who кто
whole це́лый
whose *adj* чей
why заче́м, почему́
wide широ́кий
wife жена́
window окно́
    small window око́шко
wine вино́
winter *n* зима́
winter *adj* зи́мний
wisdom *f* му́дрость

with **с, со**
without **без**
witness **свидétель** (male)
  свидéтельница (female)
woman **жéнщина**
wonderful **замечáтельный**
wooden **деревя́нный**
word **слóво**
work *n* **рабóта**
work *v* **рабóтать**
workday **рабóчий день**
working *adj* **рабóчий**
write **писáть/написать**
writer **писáтель** (male)
  писáтельница (female)

Y

year **год**

yellow **жёлтый**
yes **да**
yesterday *n* **вчерá**
yesterday's *adj* **вчерáшний**
yet **ещё**
you (polite *sing/pl)* **вы**
you (informal *sing)* **ты**
younger *adj* **млáдший**
your (polite sing/pl) **ваш**
your **твой** (informal *sing)*

Z

zebra **зéбра**
zero *m* **ноль**
zip code ** и́ндекс**
zone **зóна**
zoo **зоопáрк**

Index

Russian Step By Step learning system is designed by an experienced teacher and language course developers to introduce a step-by-step approach to learning Russian. Our goal is to provide the learners of Russian with clear and simple explanations and lots of practice.

For a complete list of titles, prices, more information about our company and learning materials or to subscribe to our free newsletter, please, visit our website at
 russianstepbystep.com

If you are teaching Russian using our materials, please contact us regarding a complimentary training at **info@russianstepbystep.com**

You can also follow us on Facebook
facebook.com/RussianStepByStep

Available Titles

Adult Learner's Series:

1. **Reading Russian Workbook**: Total Beginner (Book & Audio)
2. **Beginner** Level 1 (Book & Audio)
3. **Low Intermediate** Level 2 (Book & Audio)
4. **Intermediate** Level 3 (Book & Audio)
5. Russian Handwriting 1: **Propisi 1**
6. Russian Handwriting 2: **Propisi 2**
7. Russian Handwriting 3: **Propisi 3**
8. **Verbs of Motion**: Workbook 1
9. **Verbs of Motion**: Workbook 2

Children's Series:

1. Azbuka 1: **Coloring Russian Alhpabet**: Азбука-раскраска (Step 1)
2. Azbuka 2: **Playing with Russian Letters**: Занимательная азбука (Step 2)
3. Azbuka 3: **Beginning with Syllables**: Мои первые слоги (Step 3)
4. Azbuka 4: **Continuing with Syllables**: Продолжаем изучать слоги (Step 4)
5. **Animal Names and Sounds**: Кто как говорит (Part 1 and Part 2)
6. Propisi for Preschoolers 1: **Russian Letters: Trace and Learn**: Тренируем пальчики (Step 1)

Lightning Source UK Ltd.
Milton Keynes UK
UKHW02f2105220118
316643UK00006B/729/P